内容简介

本示范培训教材共六个单元，十五个项目，包括农产品物流概述、农产品物流的基本功能、农产品物流系统、蔬果农产品物流运作模式、农超对接的理论与实践、农产品物流发展趋势。每个项目都设有案例导入，通过对案例的讨论引出教学内容，每个单元后配有能力提升的练习与实践题。

本教材是新型职业农民示范培训教材，还可作为农产品物流企业员工培训用书以及相关领域工作人员的自学用书。

新型职业农民示范培训教材

农产品物流

梁智慧　路志成◎主编

中国农业出版社

新型职业农民示范培训教材

编审委员会

主　　任　李景华

执行主任　郑福辉

副 主 任　王克强

成　　员　赵建武　曾立新　王立明　路志成　刘立民
　　　　　齐　艳　辛子军　席克奇　孙忠良　冯国华
　　　　　柳文金　张泽欧　董振国　菅宏伟　吴有民
　　　　　赵振钢　岳玉书

总 主 编　郑福辉

总 审 稿　王克强　路志成

本册编写人员

主　编　梁智慧　路志成

副主编　李凤宾　赵　丹

编　者　梁智慧　路志成　李凤宾　赵　丹　王振东
　　　　于申申　王义青

出版说明

发展现代农业，已成为农业增效、农村发展和农民增收的关键。提高广大农民的整体素质，培养造就新一代有文化、懂技术、会经营的新型职业农民刻不容缓。没有新农民，就没有新农村；没有农民素质的现代化，就没有农业和农村的现代化。因此，编写一套融合现代农业技术和社会主义新农村建设的新型职业农民示范培训教材迫在眉睫，意义重大。

为配合《农业部办公厅　财政部办公厅关于做好新型职业农民培育工作的通知》，按照“科教兴农、人才强农、新型职业农民固农”的战略要求，以造就高素质新型农业经营主体为目标，以服务现代农业产业发展和促进农业从业者职业化为导向，着力培养一大批有文化、懂技术、会经营的新型职业农民，为农业现代化提供强有力的人才保障和智力支撑，中国农业出版社组织了一批一线专家、教授和科技工作者编写了“新型职业农民示范培训教材”丛书，作为广大新型职业农民的示范培训教材，为农民朋友提供科学、先进、实用、简易的致富新技术。

本系列教材共有29个分册，分两个体系，即现代农业技术体系和社会主义新农村建设体系。在编写中充分体现现代教育培训“五个对接”的理念，主要采用“单元归类、项目引领、任务驱动”的结构模式，设定“学习目标、知识准备、任务实施、能力转化”等环节，由浅入深，循序渐进，直观易懂，科学实用，可操作性强。

我们相信，本系列培训教材的出版发行，能为新型职业农民培养及现代农业技术的推广与应用积累一些可供借鉴的经验。

因编写时间仓促，不足或错漏在所难免，恳请读者批评指正，以资修订，我们将不胜感激。

2017-06-20

目　录

单元三　农产品物流系统

单元四　蔬果农产品物流运作模式

单元五 农超对接的理论与实践

单元六 农产品物流发展趋势

单元一

农产品物流概述

一、认识农产品物流

二、农产品物流发展趋势

【学习目标】

1. 重点掌握物流、农产品物流的概念
2. 理解农产品物流的主要类型及其特点
3. 了解我国农产品物流的发展趋势

项目一 认识农产品物流

项目导入

中国·寿光农产品物流园

中国·寿光农产品物流园由香港旺益集团投资建设，总投资 15 亿元。园区占地总面积 3 000 亩*，是目前中国面积最大的农产品物流园。项目位于寿光市北环路以北、菜都路以西，处在中国南菜北运、北菜南运的中心地带，交通十分便利。物流园规划科学合理，其中合理建置的蔬菜交易区、理货区、仓储区、降温区（冷库）、结算中心、种子农资供应区、汽修区、住宅区等区域，实现了交易、理货、仓储、保鲜、配送、结算一条龙，为广大客商提供了一个服务范围广、服务功能强的交易平台。先进的信息技术涵盖了物流园运营活动的各个环节。

物流园的电子结算中心使所有品种都实现电子化交易，保证交易更快捷安全；ERP 管理系统把经营过程中的有关各方纳入一个紧密的供应链中，实现了物流、资金流、信息流一体化的信息管理，满足了现代化农产品批发和物流市场的需求。此外，园区的检验检测中心，可使产品在园区检验后直接运往国际市场，实现与国际市场的直接接轨。

（资料来源：http://www.seenoon.com/Shop/Index/csalp.html）

◆ 启示　中国·寿光农产品物流园是国家发展和改革委员会重点审批项目，目前是中国最大的蔬菜集散中心、价格形成中心、信息交易中心、物流配送中心。中国·寿光农产品物流园项目的落户和建设，推动了寿光当地农业产业结构的调整，大大提升了寿光蔬菜在国际市场的竞争力，凸显了农产品物流在服务蔬菜产业发展中的重要作用。

* 亩为非法定计量单位，1 亩≈667 米^2。——编者注

知识储备

一、农产品物流的含义

我国是一个农业大国，农业是国民经济的基础产业，农产品的生产、分配、交换和消费共同构成了农业再生产的有机链条，任何一个环节缺失或不畅势必影响农业的健康发展。农产品生产的地域性与消费的普遍性、生产的季节性与消费的全年性之间的对立，造成了农产品供给与消费之间的矛盾。解决这一矛盾，靠的就是发展现代农产品物流。农产品物流不仅能使农产品实现其价值与使用价值，而且可以使农产品在物流过程中增值，还能降低农产品生产与流通的成本，提高农业的整体效益。但是长期以来，我国“重生产，轻流通”的思想比较严重，对农产品物流的研究相对落后，严重制约了农业生产和农村经济的发展。

（一）物流的概念

物流，简而言之，就是“物品的流动”，但是这种说法并不准确。事实上，随着物流实践活动的深入开展，人们对物流的认识也发生着变化，其内涵也逐步得到丰富、深化和扩展。

2001 年 8 月 1 日，国家质量技术监督局发布了中华人民共和国国家标准《物流术语》（GB/T 18354—2001），其中对物流的定义是：“物品从供应地向接收地的实体流动过程。根据实际需要，将运输、储存、装卸、搬运、包装、流通加工、配送、信息处理等基本功能进行有机结合。”在 2007 年颁布实施的修订版《物流术语》（GB/T 18354—2006）中又增加了“回收”这一基本功能。

小知识

国家标准《物流术语》

我国的国家标准《物流术语》最早是 2001 年的版本，2007 年由全国物流信息管理标准化技术委员会颁布实施了修订版《物流术语》(GB/T 18354—2006)，本标准确定了物流活动中的物流基础术语 49 条、物流作业服务术语 54 条、物流技术与设施设备术语 62 条、物流信息术语 66 条、物流管理术语 43 条、国际物流术语 55 条及其定义。本标准适用于物流及相关领域的信息处理和信息交换，亦适用于相关的法规、文件。

对物流的认识至少应该包括以下几个方面：

（1）物流中的“物”是指一切可以进行物理性位置移动的物质资料和物流服务。物质资料主要包括原材料、半成品、产成品、回收品以及废弃物等。物流服务包括货物代理和物流网络服务。

（2）物流中的“流”是物的实体位移，是从供应地向接收地的动静结合的流动过程，包括短距离的搬运、长距离的运输以及全球物流。

（3）物流是物品从供应地向接收地的流动，它是一种满足社会需求的经济活动。

（4）物流从总体上看具有多个功能要素，分别是：运输、储存、装卸、搬运、包装、流通加工、配送、回收、物流信息。

（5）物流在运作过程中要根据实际需要对物流活动各环节进行计划、组织、领导和控制。

（二）物流的效用

物流作为一种社会经济活动，对社会生产和生活的效用主要表现在创造时间价值和创造空间价值上。另外，还有流通加工的附加价值。

1. 时间价值

时间价值是指改变物品从供给者到需求者之间存在的时间差所创造的价值。通过物流获得时间价值的形式有：

（1）缩短时间。缩短物流时间可获得多方面的好处，如减少物流损失、降低物流消耗、加速物品的周转和节约资金等。物流周转的时间越短，资本周转越快，其增值的幅度越大。从社会物流的总体来看，缩短物流时间、加速物流速度，是物流必须遵循的一条经济规律。

（2）弥补时间。供给与需求之间存在时间差是一种普遍的客观存在，也正是有了这个时间差，商品的经营者才能通过高价格获得理想的经济效益。物流便是以科学、系统的方法弥补和改变这种时间差，以实现其时间价值。如将新鲜的苹果储藏在冷库中延长其新鲜的状态，来年再卖，从而创造了价值。

（3）延长时间。在某些具体的物流活动中存在人为地、能动地延长物流时间来创造价值的现象。如秋季集中产出的粮食、棉花等农产品，可以通过物流的储备活动，有意识地延长物流时间，以便均衡人们的日常需求。

2. 空间价值

供给者与需求者之间往往处在不同的空间位置，存在一定的空间距离，商品在不同的地理位置往往具有不同的价值。通过物流将商品由低价值区转到高价值区的过程所创造的价值就是空间价值，也称为“场所价值”。物流所创造的空间价值是由现代社会产业结构、社会分工所决定的。

空间价值的具体表现形式

- 从集中生产地流入分散需求地。
- 从分散生产地流入集中需求地。
- 从低价值生产地流入高价值需求地。

3. 流通加工的附加价值

加工本来是生产领域的固有活动，并不是物流的应有职能。但是，现代物流的一个重要特点就是根据物流运作的客观需要或从满足顾客需求的角度出发来从事一定的补充性加工活动，称为“流通加工活动”。这种活动的目的不是创造商品的主要实体，而是带有完善、补充、增加性质的加工活动，这种活动必然会形成劳动对象的附加价值。

（三）物流的基本特征

1. 物流过程一体化

物流过程一体化是将系统科学的方法应用到物流领域的结果，在实施的过程中以信息控制为手段，在输入环节为供应商提供低成本的服务，在内部转化过程中将传统的垂直功能管理整合为横向管理，在输出环节为顾客提供快速优质、低货损的服务。物流一体化的一个重要表现就是“供应链”概念的出现。供应链把物流系统从采购开始经过生产过程和货物送达服务的整个过程，看成是一条环环相扣的链条，物流管理以整个供应链为基本单位，而不再是单个的功能部门的管理。目前，大型制造业中跨国公司的经营管理在这方面表现得比较充分，其竞争不再仅仅是单个公司之间的竞争，而上升为供应链与供应链之间的竞争。

2. 物流技术专业化

物流技术指流通技术，它与生产技术不同。生产技术是为社会生产某种产品，为社会提供有形物质的技术，而物流技术是把生产出来的物品进行包装、运输、仓储、装卸、搬运等操作，是为社会提供无形服务的技术。物流技术专业化表现为现代技术在物流领域的广泛应用，如条码技术、EDI技术、自动化技术、网络技术、智能化与柔性化技术等。运输、装卸、搬运、仓储等也普遍采用专业化、标准化、智能化的物流设施与设备。这些现代化技术和设施设备的广泛应用大大提高了物流活动的效率与效益，同时也扩大了物流活动的范围与领域。

3. 物流管理信息化

随着信息技术、网络技术和电子商务技术的发展，现代物流信息化是必然趋势。信息化是现代物流管理的基础，信息技术及计算机技术在物流中的应用将会彻底改变物流行业的整体面貌。

物流信息化的表现

- 物流信息的商品化；
- 物流信息搜集的数据库化和代码化；
- 物流信息处理的电子化和计算机化；
- 物流信息传递的网络化、标准化和实时化；
- 物流信息存储的数字化。

如海尔通过采购平台，所有的供应商均可在网上接单，并通过网上查询计划与库存，及时补货，实现快速采购。货物入库后，根据看板管理2～3小时送料到工位，实现快速配送。从某种意义上说，现代物流的竞争已经成为物流信息的竞争。

4. 物流服务社会化

随着社会分工的细化和市场需求的多样与复杂化，生产经营部门对物流服务的要求越来越高，客观上要求专业的物流服务供应商的出现，所以物流服务社会化的突出表现是第三方物流与物流中心的迅猛发展。同时，随着竞争的加剧，工商企业普遍认识到依靠企业自身的力量不可能在每一个领域都获得竞争优势，将不擅长的物流业务外包给专业的物流公司来完成，而将有限的资源集中于自己的核心业务，这就进一步促进了物流服务社会化的发展。如在日本有160万家中小企业，其营业额占市场零售总额的58%，他们的物流业务大都委托给第三方物流企业来完成。

5. 物流活动国际化

随着全球经济一体化和制造业结构的变化，跨国公司普遍采取全球战略，在全世界范围内选择原材料、零部件的来源，同时选择产品和服务的销售市场。因此，其物流的选择和配置也超出国界，着眼于全球大市场的视野来从事物流活动。如耐克公司，通过全球招标采购原材料，然后在我国台湾省或东南亚一些国家和地区生产，再将产品分别运送到亚洲、欧洲的几个中心仓库，然后就近销售。

小知识

国 际 物 流

国际物流是伴随着国际间经济往来、贸易活动和其他国际交流所形成的物流活动，具体表现为不同国家（地区）之间的物流。由于近年来国际间贸易的急剧扩大，国际分工日益明显，以及世界经济逐步走向一体化，国际物流正成为现代物流系统中的重要组成部分。

（四）农产品物流的含义

1. 农产品物流的概念

长期以来，人们将农产品物流视为农产品流通中的运输、储存和装卸，这种认识显然具有片面性。目前，物流正从传统物流向现代物流过渡。根据物流概念的发展，结合农业的特点，对农产品物流含义的界定也随之发展，即农产品物流是指为了满足用户需求、实现农产品价值而进行的农产品物质实体及相关信息从生产者到消费者之间的物理性经济活动。农产品物流是以农业产出物为对象，通过农产品产后加工、包装、储存、运输和配送等物流环节，做到农产品保值增值，最终送到消费者手中。

农产品物流的概念着重强调两点：一是物流运作客体是指脱离生产领域的农产品，这是农产品物流与农业物流最重要的区别。二是农产品物流不仅服务于农产品消费者而且还服务于农产品生产者，即不仅满足消费者需求，而且还要使生产者生产的农产品实现价值。

农产品物流是以农业产出物为对象，通过农产品产后加工、包装、储存、运输和配送等物流环节，做到农产品保值增值，最终送到消费者手中。它的发展目标是增加农产品的附加值，节约流通费用，提高流通效率，降低物流损耗，从而规避市场风险。

2. 农产品物流的相关概念

农产品流通

农产品流通是由农产品从生产领域向消费领域转移过程中的商品的价值运动、使用价值运动及与之相关的信息流动三部分组成的运动过程，包括商流、物流、资金流和信息流。

农产品物流不能等同于农产品流通，两者的内涵和所涵盖的领域有着较大区别。农产品流通是个综合性概念，是商流、物流、资金流和信息流的集合统一体，缺少任何一个部分都不能称为农产品流通；而农产品物流是农产品流通的一个重要组成部分，是农产品流通的重要物质支柱，没有物质实体的流动的农产品流通毫无意义。

农产品储运

农产品储运一般是指农产品物流环节中某几个不相关联的活动。而农产品物流则是一个系统工程，将农产品从生产者到消费者之间的各个环节集成一个系统，强调系统的协调性和环节间的配套服务，从而构成一个有机整体。

二、农产品物流的特征

1. 农产品物流的数量巨大

一方面，农产品的需求量大。广义上的农业不但包括种植业，而且包含林业、畜牧业、渔业、副业等。不管是粮食、经济作物还是畜产品、水产品，都大量转化为商品，商品率很高，它们不仅直接满足人们的生活需要，而且还向食品工业、轻纺工业、化工工业提供原料。另一方面，由于时间和空间的影响，产销之间的转移量大。农产品生产受自然条件制约，各地因气候、土壤、降水等情况的不同，适宜种植不同的农产品品种。因此，农产品物流的需求量大、物流量大、范围广，要求农产品进行空间范围的合理布局和规划。

2. 农产品物流运作具有相对独立性

农产品自身的生化特性和特殊性决定了它的基础设施、存储条件、运输工具、技术手段等方面具有相对独立的特性。在农产品储运过程中，为使农产品的使用价值得到保证，需采取低温、防潮、烘干、防虫害等一系列技术措施。这并非交通部门和其他部门能做到的，它要求有配套的硬件设施。包括专门设立的仓库、输送设备、专用码头、专用运输工具、装卸设备等。而且，农产品物流中的发、收以及中转环节都需要进行严格的质量控制，以确保农产品品质、质量达到规定要求。

3. 农产品物流具有分散性

农业生产的异质性决定了农产品特别是鲜活农产品的供应主体数量多、规模小。纵观从生产到消费所经历的各个环节，每一个个体生产者都会发现，以他们个人的生产量与市场衔接，根本无法达到规模经济，且交易成本很高。显然，相对于工业品物流，这种特性决定了农产品的运输和装卸比多数工业品要复杂得多，常常需要两个以上的储存点和两次以上的装卸工作，单位产品运输的社会劳动消耗大。因此，只有科学规划农产品的物流流向，才能有效地避免对流、倒流、迂回等不合理运输现象。

4. 加工增值是农产品物流的重要内容

农产品不同于工业品的最大特点在于农产品市场价值的很大一部分是在离开生产领域后得到提升的，具有很大的加工增值潜力。一般来说，农产品物流增值环节主要包括以下几个方面：农产品分类与分类包装增值服务、农产品适度加工后小包装增值服务、农产品配送增值服务、特种农产品运输增值服务、特种农产品仓储与管理增值服务。农产品加工是农产品物流中一个不可缺少的重要组成部分。如粮食深加工和精加工、畜牧产品加工、水果加工和水产品加工等，具体包括研磨、抛光、色选、细分、干燥、规格化等生产性加工和价值贴付、单元化和商品组合等促销加工作业等。

5. 农产品物流的非均衡性

农业生产是以自然再生产为基础的经济再生产过程，自然条件的差异决定了农产品的生产具有明显的地域性。一个品种只能在某个区域或某几个区域生产，农产品尤其是植物性产品，受自然条件的影响大，农业生产者不能在一个年度内均匀地分布生产能力，只能随着自然条件的变化在某一个特定时期内集中生产某一个品种，因而同一种农产品的市场供给有其明显的区域性、季节性和集中性的特点。成熟季节则在产区集中大量上市，而其他季节又供应不足。这就与社会对农产品的需求具有地域的广泛性、时间上的均衡性产生了矛盾，于是农产品物流组织就要在旺季时组织市场营销，同时进行必要的农产品储备，通过适时吞吐，平抑淡旺季之间的供求波动和价格波动，实行农产品的供求平衡。

6. 农产品物流的风险性

大多数农产品的消费都表现为满足人们生理需求，因此农产品流通的需求规模与人口数量的相关性很强。在人口总量增长趋缓的情况下，人们生理需求的相对稳定性使农产品市场需求量也表现为相对平稳的特点，有些农产品如粮食随着居民收入的增长，其需求反而还会有所减少。农产品的生产虽然受到土地等自然资源的约束，但农业生产要素之间具有可替代性，技术进步可以克服自然资源短缺的局限性，因而农产品的供给弹性较大。据测算，即使是科技水平不高的发展中国家，农产品价格变动的供应弹性也在0.3～0.9个百分点。在农产品市场价格波动的条件下，农产品的需求变化幅度较小，而供给变化的幅度较大。价格上升，则造成农产品生产过量和市场滞销；价格下降，则造成农产品生产不足和市场供应紧张。过大的经营风险会降低经营者的未来预期，往往会使经营者更多地采取短期的机会主义行为，不利于形成有序的市场竞争格局，从而影响社会经济生活的稳定。因此，农产品物流首先要承担的责任是保持物流的持续有效，充分发挥农产品物流组织的流通先导性作用，以保证农产品供求平衡，保证农产品商品价值的实现。

三、农产品物流的分类

1. 根据物流的具体对象划分

根据物流的具体对象划分，可将农产品物流分为粮食作物物流、经济作物物流、鲜活食品物流、畜牧产品物流、水产品物流、林产品物流和其他农产品物流，见表1-1。

2. 根据农产品物流在供应链中的作用划分

根据在供应链中的作用划分，农产品物流可分为农产品生产物流、农产品销售物流、农产品废弃物物流。

表 1-1　根据物流的具体对象对农产品物流的分类

种　类	具体描述
粮食作物物流	粮食是人类赖以生存的主要物质资源，主要用做主食，包括人的口粮、牲畜饲料和其他工业用粮。具体有：水稻、小麦、玉米、谷子、高粱、大麦、荞麦等。粮食作物物流量大，搞好粮食作物物流对促进国民经济健康稳定发展、全面实现小康社会的目标具有重要意义
经济作物物流	经济作物除满足人们的食用需求外，还是工业尤其是轻纺工业和食品工业的原料，商品率大大高于粮食作物，物流需求大。具体包括：纺织原料，如棉、麻、丝、毛等；轻工业原料，如糖、烟、茶、可可等
鲜活食品物流	鲜活食品主要包括鲜食的猪牛羊肉、禽、蛋、蔬菜、水果等。鲜活食品在储运过程中损失率比较高，对物流技术和装备水平要求也比较高。我国在这类食品物流作业过程中损失率有时高达 30%～35%，即有 1/3 的鲜活食品在物流作业中被消耗掉
畜牧产品物流	畜牧产品不但向人们生活提供肉、蛋、奶等食物，还向轻工、化工、制革、制药业提供原料，物流需求量大
水产品物流	水产品需求主要来自三个方面：一是居民家庭消费，二是水产加工食品、方便食品、餐饮等社会消费，三是出口
林产品物流	林产品是重要的工业原料，营林和竹木采伐对物流需求大，主要体现在林产品的运输、装卸和搬运物流上
其他农产品物流	不能归入上述几类的农产品物流

小资料

沈阳粮食物流中心

2012 年，经国家粮食局批复，沈阳粮食物流中心正式晋升为“沈阳国家粮食交易中心”。

辽宁省是全国粮食主产省，沈阳市是全国粮食主产区。沈阳市作为沈阳经济区的中心城市，也是我国内地重要的粮食集散地和“北粮南运”的陆路枢纽。沈阳作为产粮大市和成品粮主销区，粮油市场发展具有广阔的空间。

地处铁西区保工街 2 号的沈阳粮食物流中心，是东北最大的现货粮食批发交易中心，沈阳国家粮食交易中心是在此基础上筹建的。经过十多年的发展壮大，沈阳粮食物流中心占地面积已达 31 万平方米，新建 400 余平方米的多功能交易大厅，成为拥有交易、仓储、结算、信息、服务等各项功能完整、设施齐备、交易规范、服务全面的粮食交易中心。据悉，该中心晋升国家级后，将为粮食购销企业搭建起一座信息流、物资流、商贸流的“立交桥”，通过公开透明运作、防范资金风险，确保粮食安全，为保护农民利益提供可靠保障，对搞活全市乃至全省粮食经济、服务国家粮食宏观调控起到重要作用。

（资料来源：中国物流与采购网，2012-11-22）

农产品生产物流

农产品生产物流是指从农作物耕作、田间管理到农作物收获的整个过程中，由于配置、操作和回收各种劳动要素所形成的物流。农产品生产物流是生产农产品的农户或农场所特有的，它需要与生产过程同步。

农产品生产物流按照生产环节可以分为三种形式：

- **产前物流** 产前物流包括耕种、养殖物流及相关的信息物流，即为耕种、养殖配置生产要素的物流，如农业拖拉机等农业机械设备及生产工具的调配和运作，种子、化肥、地膜等的下种和布施。
- **产中物流** 产中物流主要指培育农作物生长的田间物流管理活动和养殖畜禽、鱼类等的管理活动包括育苗、插秧、锄田、耪地、整枝、杀虫、追肥、浇水等作业所形成的物流。
- **产后物流** 产后物流即为了收获农作物形成的物流，包括农作物收割、回运、脱粒、晾晒、筛选、处理、包装、入库作业或动物捕捞和处理等作业所形成的物流。

农产品生产物流的合理化对生产成本有很大的影响。保持农产品生产的稳定性，才可以保证农产品的顺畅流转，缩短产品的生产周期，减少生产成本，避免由于生产物流不畅而导致的农业生产减产甚至停顿。

农产品销售物流

农产品销售物流是指为了实现农产品的保值增值，在农产品流通过程中，农产品生产企业、流通企业出售农产品时，伴随着销售和加工活动将农产品所有权转移给客户而引发的一系列物流活动。农产品销售物流包括为了销售农产品而实行的收购、保鲜、运输、检验、储存、装卸，以及为了满足用户需要而实施的包装、配送、各类加工、分销等活动。

这一物流过程是农产品实现其价值的关键阶段。若销售物流不畅，会影响农户或农场的利益，造成农产品积压甚至造成丧失农产品价值的不良后果。随着市场经济的不断深入，农产品销售物流已经形成买方市场，销售物流活动带有极强的服务性，以满足买方要求，最终实现销售。

农产品废弃物物流

在农产品生产和销售及消费过程中，大量的农产品废弃物、无用物的运输、装卸和处理等物流活动构成了农产品废弃物物流。据有关资料显示，蔬菜中毛菜和净菜销售的结果比较，100 吨毛菜可以产生 20 吨垃圾，由此可以推算出毛菜进城到农贸市场上销售时存在着一个数量惊人的无效物流成本。为此，建立农产品生产、物流、消费的循环往复系统即废弃物的回收利用系统，实现资源的再利用，这是现代物流管理的焦点——绿色物流的主要内容。

3. 根据物流储运条件的不同划分

按照农产品物流的储运条件不同，可以分为常温链物流、冷藏链物流、保鲜链物流。

常温链物流

常温链物流是指在通常的自然条件下对农产品进行的储存、运输、装卸搬运以及流通加工处理，创造农产品物流过程中的时间价值、空间价值以及流通加工价值。大多数非鲜活类农产品不需要特殊条件就可以完成物流过程，如各种粮食作物、经济作物、活的牲畜等。

冷藏链物流

冷藏链物流是指在低温下完成农产品的储存、运输、保管、销售等活动，它是以制冷技术和设备为基本手段，最大限度地保持易腐农产品原有品质的物流活动。很多农产品从性质上要求从田间到餐桌的全过程中，要连续不断地保持适宜温度、湿度等条件，因为降低温度可以抑制农产品中微生物的繁殖，减弱农产品自身生理活动强度，有效延长易腐农产品的储藏期，保证储运质量。

小资料

顺丰优选拓展全程配送冷链

电商渠道下沉已蔓延到了生鲜领域。顺丰优选，自 2014 年 8 月 11 日起，其冷链配送城市从 11 个拓展到了 48 个，将生鲜商品通过自建的一站式全程冷链带到了三线城市。据悉，此前顺丰优选产地直供的荔枝、樱桃等生鲜单品已经可以覆盖全国主要城市。此次新开通的 37 个城市，是在现有冷库辐射范围内进行的扩张，从而可以让消费者品尝到肉类、海鲜等冷冻商品。经历了 2013 年的 7 次扩张，顺丰优选的生鲜商品已能覆盖河北、江苏、浙江、广东的主要城市。

（资料来源：中国冷链产业网）

保鲜链物流

保鲜链物流是指综合运用各种适宜的保鲜方法和手段，使鲜活易腐农产品食品在生产、加工、储运和销售的各环节中，最大限度地保持其鲜活特性和品质的系统。谢如鹤（2006）认为要实现保鲜链除了应具有实现冷藏链的所有条件外还要具有 3M 条件，即保鲜工具与手段、保鲜方法和管理措施。

4. 根据农产品物流主体的不同划分

根据提供农产品物流服务的主体不同，将农产品物流分为第一、第二、第三方农产品物流。

第一方农产品物流

第一方农产品物流指农产品卖方、农产品生产者或者供应方组织的物流活动。这些组织的主要业务是生产和供应商品，但为了其自身生产和销售的需要而进行物流网络及设备的投资、经营与管理。供应方或者厂商一般都需要投资配备仓库、运输车辆等物流基础设施。卖方为了保证生产正常进行而建设的物流设施是生产物流设施，为了产品的销售而在销售网络中配备的物流设施是销售物流设施。总的来说，第一方物流是农产品生产企业或流通企业自己来进行物流的运作，不依靠社会化的物流服务，它实质上是供方物流，是由供应方到其各个用户的物流。

近几年，经济高速发展对行业分工提出了更高的要求，第一方物流的弊端开始凸显：生产经营活动越来越复杂，“大而全、小而全”的客观现实使得农产品生产经营者不能把全部精力集中到生产经营活动中。与此同时，行业分工开始了巨大的变革。无论是服务领域还是生产领域，逐渐出现了一系列新的现象，一是服务领域的细分，二是企业内部职能的细分与专注。这便使得农产品物流也逐渐从农产品生产经营企业中被剥离出来，使农产品经营者集中精力于生产和管理，避免了投资的风险和存货的风险。

第二方农产品物流

第二方农产品物流实际上是农产品需求方物流，或者说购进物流，如用户去农产品生产地购买并自己运回产品。其原理与农产品第一方物流的原理相同，只是物流的主体不同。

第三方农产品物流

第三方农产品物流是专业物流企业受买方或卖方的委托，以合同形式提供农产品物流服务的组织模式。第三方物流是物流业发展到一定阶段，出现专业的物流服务提供企业，其服务对象为较大型的而且有较为复杂供销关系的农业企业。其优点是：物流服务专业高效，使委托企业能专注于核心业务。缺点是信息控制的复杂性加大，信息不畅会加大风险。

小资料

2014 年中央 1 号文件提出完善农村物流服务

2014 年中央 1 号文件提出，要加强农产品市场体系建设。落实部门协调机制，加强以大型农产品批发市场为骨干、覆盖全国的市场流通网络建设，开展公益性农产品批发市场建设试点。加快发展主产区大宗农产品现代化仓储物流设施，完善鲜活农产品冷链物流体系。完善农村物流服务体系，推进农产品现代流通综合示范区创建，加快邮政系统服务“三农”综合平台建设。启动农村流通设施和农产品批发市场信息化提升工程，加强农产品电子商务平台建设。

2014 年中央 1 号文件提出，要实施村内道路硬化工程，加强村内道路、供排水等公用设施的运行管护。以西部和集中连片特困地区为重点加快农村公路建设，加强农村公路养护和安全管理，推进城乡道路客运一体化。

（资料来源：中国物流与采购网 http://www.chinawuliu.com.cn/zhxw/201401/22/274353.shtml，2014－01－22）

项目二
农产品物流发展趋势

项目导入

我国农产品物流过程中损失严重

“我国农产品的收获后损失惊人。粮食每年产后损失率超过8%，果蔬损失率更逼近20%。粗略统计，仅每年粮食的损失量就高达250亿千克。”2012年7月初在北京举办的“2012农业科技创新发展论坛暨第三届中国现代农业产业投融资峰会”上透露的这些数字，让人们开始关注“收获后损失”，即粮食、果蔬在存储、运输等环节发生的损耗。

“每年粮食损失250亿千克”是什么概念？有“北大仓”之称的黑龙江垦区，2011年粮食总产量超过500亿千克。照此来看，每年我国约有半个“北大仓”的产量蒸发。而另一组数据也足以刺痛国人的神经：美国等发达国家的粮食产后损失率低于3%，果蔬为1.7%～5%。据介绍，粮食物流运输和农民家庭存储，是“收获后损失”的两个高发环节。我国的运粮方式仍然落后，从田头到仓库，农户还在用麻袋、塑料编织袋装运；进了仓库要拆包散储，等到转运时又重新包装，这“一拆一包”的折腾中，粮食损耗大，物流效率低而成本高。

据统计，我国瓜果蔬菜年损耗率高达20%，其中叶菜类超过30%。相对于比较耐储存的粮食作物，果蔬要更加脆弱，守住菜篮子比守住米袋子还要难。如草莓，这是一种含水量高、组织娇嫩的水果，如果碰到阴湿天气，最严重时“10个有8个烂在地里”。怎么办？要解决这一问题，田间采收是第一步。美国、日本等国采用“田间预冷”技术，能做到低于5%的采后损失率：草莓采下，直接以200克、1 000克等市售包装装盒，随即放进小型车载冷藏柜。而国内的通常做法是，农户分头采摘，装进手提篮子，再收拢到一处分装，全程没有冷藏，有时甚至长时间暴晒。

（资料来源：史博臻，文汇报，http://news.hexun.com/2012-07-19/143739223.html）

◆ **启示**　农产品物流在我国国民经济发展中举足轻重，涉及整个国民经济的运行效率和运行质量，涉及农业的现代化水平，涉及农民的根本利益。从我国当前农产品在物流过程中损失的严重程度看，农产品物流还处于十分落后的状态，不能做到保值增值，农民的利益受损严重。因此，必须真正重视农产品物流的发展问题。

知识储备

一、我国发展农产品物流的重要性

大力发展农产品物流对于降低农产品流通成本、提高农产品价值、实现农产品生产和消费的有效对接具有不容忽视的作用，具体表现为：

1. 有利于创造农产品价值

农产品物流本身就是一个能够创造时间价值和空间价值的过程。由于农产品从生产到消费的转移过程总是有个时间差，改变这一时间差而创造的价值，称为“时间价值”。它主要通过农产品从生产到销售间的各个环节（如运输、储存、装卸搬运、包装、配送等），大大缩短农产品在流通中的时滞，进而缩短时间，创造价值；也可以通过系统、科学的方法，如集中储存、分散供给或者将农产品加工转化为其他产品形式，从而更方便地储存，改变、弥补、延长生产者和消费者在供给和需求上的时间差创造时间价值。农产品生产受地理环境和气候条件影响，呈现出明显的区域性特征，而对农产品的消费却呈现出普遍性特征，如农村生产的粮食、蔬菜在城市消费，南方生产的荔枝和香蕉在北方消费等，如此错综复杂的供给与需求的空间差都要依靠农产品物流来弥合，并从中获取收益。

2. 有利于农产品实现加工增值

农产品不同于工业品的一个显著特征在于加工潜力大。一般来说，刚刚脱离农业生产领域的初级农产品，由于形态各异、大小不一，市场价格较低，而经过一定的简单加工如挑选、整理、清洗、分段、包装等，送入超市或者连锁店，价格就会上升 2～10 倍。若再进行深加工改变其原有形态，如将蔬菜水果加工成蔬菜汁、水果汁，将会进一步增值。农产品物流正是抓住了农产品的这一特性，紧紧围绕流通加工环节，以农产品加工企业为龙头，以满足消费者要求为目标，实现整个农产品的增值过程。

3. 有利于农业实现规模经营，提高农业生产的整体效益

现代农产品物流的发展要求农产品生产实现专业化和区域化，以此促使农业实行规模经营，增加农产品供应总量，这样既便于组织货源及第三方物流或流通经纪人的介入和发育，也有利于采选、分拣、包装、加工等农产品流通业的发展。

4. 有利于扩大劳务输出和创造新的就业机会

传统销售方式束缚了大量的农村强壮劳动力，影响了农民劳务输出。大力发展农产品物流，可以解放大量低效的农业销售劳动力，节约农产品流通成本，使更多农业劳动力参与劳务输出。同时，农产品物流的发展还可以创造大量的就业岗位和就业机会，农产品的采选、分拣、包装、加工会从传统农业中分离出来，与此相关的农村二、三产业便可得到迅速发展，从而吸纳大量的农村剩余劳动力就业。

5. 有利于提升农产品相关企业的核心竞争力

发展农产品物流，尤其是第三方物流，使一些农产品相关企业，尤其是中小型农产品加工企业，可以集中精力发展自身的核心竞争力，将自身非核心的物流业务外包于农产品物流部门运营。而农产品物流部门根据自身具备的专业设备和专业知识，结合企业情况，加快农产品从原材料购入到产成品销售的周转速度，不但可以大大降低企业的库存数量，还可以加快资金的周转速度，从而增加企业的利润，提高农产品相关企业的竞争力。

二、我国农产品物流发展现状

近年来，在消费需求增长、国家对“三农”问题及物流行业有利政策的支持下，我国农产品物流获得稳步发展。随着农业的持续多年增产以及居民消费水平的不断提升，据国家发展和改革委员会、国家统计局、中国物流与采购联合会发布的2012年全国物流运行情况通报数据显示，我国农产品物流总额2012年达到1.77万亿元，同比增长4.5%，农产品物流初具规模，但相比工业物流总额的162万亿元和10%的增速还是差距甚远。物流模式方面，初步形成了农户及生产企业自营物流、区域契约收储、区域联合物流、第三方物流服务四种典型的运作模式，虽然目前仍以自营物流、契约收储等传统物流为主，但随着中外运、中储粮等社会化物流企业进入，第三方物流及联合配送开始起步和发展。物流基础设施逐步完善，据国家统计局数据，截至2012年年底，全国农村公路里程达到367.8万千米，同时国家积极推进冷链物流建设，并形成了较为规范的产业模式和行业标准。

1. 农产品市场体系不断完善

人口大国对农产品的需求是农产品物流发展的强劲推力。中国用于生活消费的农产品主要以鲜食鲜销形式为主。分散的产销地要满足消费在不同时空上的需求，使农产品物流特别是鲜活农产品物流面临数量和质量上的巨大挑战，同时也带来巨大的商机。目前，我国已经初步形成了以批发市场为中心、以集贸市场和零售市场为基础的农产品市场体系。其中，农副产品批发市场因其上联生产环节，下联其他流通主体，已成为我国农产品物流和质量安全信息流集中与分配的主要点，成为最经济地实现农产品质量安全信息的收集和传播的主要点。

近年来我国批发市场交易总额逐年增加。截至2013年7月，全国亿元以上批发市场已达1 884家，亿元以上农产品批发市场占总数量的比例达到70%。排名前30名的农产品批发市场交易总额为3 564.27亿元。此外，近年来现代农产品物流中心也得到了快速发展。

近年来，全国各地陆续建起一批规模较大、体系较为完善的农产品物流中心，如深圳市政府与香港博富集团合作筹建的深港农产品物流中心、长春粮食集团与德隆集团共建的东北亚农产品物流中心、上海全国农产品物流中心、北京绿色安全农产品物流中心、山东寿光蔬菜批发市场等。这些物流中心设施齐备、体系健全，成为国内农产品物流发展的典范，也为现代农产品物流的研究提供了有益的实证参考。不过，总体来说，我国市场体系建设离现代化物流建设还有一定的距离，如批发市场的建设有待进一步提升，“商物合一，现金交易”的初级物流状态应转变为高级的物流状态，现代农产品超市还未成为城市中主要的销售渠道等。

2. 物流运作主体呈现多元化

改革开放以来，我国农产品的经营体制、市场化程度发生了巨大的变化。在这种形势下，连接农产品生产者和消费者的营销渠道以及包含于其中的商流、物流各方面的参与者及其功能都发生了变化。除原有的国有和集体性质的农产品物流企业，还涌现出大批个体运输户、经纪人、多种形式的经济联合组织等，产生了专门从事农业生产资料和农产品储运及流通加工的第三方物流企业，第三方物流运作模式得到了快速发展。但总体农产品的第三方物流只是在起步阶段，其管理水平、信息系统建设和数据共享、网络建设、物流企业的战略联盟以及专业化服务等方面还面临着诸多问题。因此，现有市场主体呈现“小规模，大群体”的格局。

3. 物流基础设施和装备得到了有效改善

近几年来，政府在交通运输设施、信息基础设施等方面投入了大量的人力、物力、财力，使得我国现代交通运输初具规模，国家公用通信网的规模容量、技术层次、服务水平都发生了质的飞跃，这些为发展农产品物流准备了必要的条件。现代物流技术设备是现代物流发展水平的标志，目前，我国在不断改造农产品运输、储存、装卸搬运、包装等专用设施的基础上，已能独立设计制造出供农产品储存的自动化仓库、搬运机器人等高技术水平的物流设施，且许多现代通信技术，如电子数据交换、全球定位系统等也已在农产品物流中得到应用。

小知识

物 流 设 备

物流设备是指进行各项物流活动所需的机械设备、器具等，可供长期使用，并在使用中基本保持原有实物形态的物质资料，不包括建筑物、装卸站台等物流基础设施。不同的物流系统有不同的物流设备与之相匹配，用于完成不同的物流作业。物流设备是物流技术水平高低的主要标志，物流设备的普及程度直接反映着一个国家的现代化程度和技术水平。

4. 物流标准化工作开始启动

农产品物流标准化建设是农产品物流建设的重要内容，是有效降低物流费用、提高物流系统经济和社会效益的基础，也是中国加入世界贸易组织、提升中国农产品竞争力的要求。随着农产品物流基础市场的发育，我国的物流标准化工作开始启动。

我国物流标准化的初步成绩

- 制订了一系列物流或与物流有关的标准；
- 建立了与物流有关的标准化组织、机构；
- 积极参与国际物流标准制订，并积极采用国际物流标准；
- 积极开展物流标准化的研究工作。

由于我国农产品物流标准化工作刚刚起步，在农产品信息标准化、农产品仓储、装卸和运输等作业环节的标准配套、国内物流标准与国际标准接轨、农产品质量标准等方面还有待加强。

小知识

农产品物流标准化

农产品物流标准化主要包括农产品物流技术标准化、农产品物流操作标准化以及农产品物流企业标准化。农产品物流技术标准化就是通过制定和实施农产品物流技术标准，规范农产品采购、包装、储藏、运输以及物流信息的全过程。农产品物流操作标准化主要有作业流程标准化、管理标准化、服务标准化。农产品物流企业主要分为农产品加工企业，农业种植、养殖企业和第三方物流企业，它们的生产活动和管理活动都需要标准化。

三、当前我国农产品物流存在的问题

1. 对农产品物流的重视程度不够

“重生产轻流通”观念依然存在。在国外，农业生产环节投入比例30%，产后投入比例高达70%。而我国农产品产后商品化处理仅占1%，保险储藏比例仅为20%，加工比例不足10%。此外，农产品供应链中存在产销的行政壁垒。虽然目前一些地方开辟了农副产品运销绿色通道，但地方保护主义仍然存在，农副产品跨地区外销障碍重重，增加了流通成本，加大了大宗农产品物流环节的经营风险，造成了大量的积压和损失。

2. 物流主体发育不良

原国有和集体性质的流通企业普遍背负着历史积淀的各类包袱，从执行调拨计划转向市场竞争有一个艰难的适应过程，缺乏竞争优势，不能建立适应市场经济要求的产权明晰、责任明确、政企分开、管理科学的现代企业制度，其中已有相当一部分企业从农产品物流行业中退出。农村又普遍缺乏具有独立产权的代表农民利益的经济组织，分散、细小的生产经营方式限制了农产品的交易，农民呈无组织分散状态进入市场，缺乏市场竞争力和自我保护能力。虽然农业行业协会在现阶段发展较为盛行，但因组织不健全，功能不完备，还仍然起不到行业规范和自律作用。第三方物流公司在我国正处于起步阶段，运作管理不规范，营销能力尚未得到充分体现。此外，多数农产品物流企业规模小，网络不健全，市场覆盖面狭窄，带动作用较低。而从农业生产中分工出来的农民运销队伍，因自身素质低，缺乏必要的物流知识和收集加工信息的能力，抗御风险能力差。因而，我国整体

我国从事农产品物流的主体形态

- 国有和集体性质流通企业；
- 农业公司；
- 专门为农业公司、农业合作社、农民协会服务的第三方物流企业；
- 为农产品物流服务的专业公司，包括专业运输公司、专业包装公司等；
- 经纪人队伍。

农产品物流领域运作主体的竞争能力还相当薄弱。

3. 物流技术水平低

（1）存储条件差。由于农产品的时间和空间性差异，大部分农产品从生产领域到达消费领域的过程中需要经过多次储存，以调节产需和供求平衡。我国农业仓储设施建设滞后，仓储条件和机械设备水平低，分布不合理，通用仓库多，专用仓库不足，特种仓库（如低温库、冷藏库、立体仓库等）严重短缺。据统计，我国现有粮食仓库只能满足粮食储量的65%～70%，导致简易仓库储藏和混藏、农民分散储藏，甚至露天堆放问题相当突出，不仅霉变概率大，陈化速度快，鼠患、虫害现象严重，储粮损失达8%～10%，高的在20%以上，而且农产品统一管理和调度难度加大。

（2）装卸搬运的机械化水平低。如叉车、托盘、货梯、升降平台、巷道堆垛起重机等装卸设备数量有限，多数靠人工操作。农产品储运装卸设施设备水平低，鲜活农产品储运成本占总成本60%以上，大大降低了农产品的市场竞争力。由于装运、接卸设施不配套，粮食的"四散"（散装、散卸、散运、散存）作业无法大范围开展；车站、码头装卸环节机械化、自动化程度低，必要的散装计重设备缺乏，"四散"流通作业具有相当的难度。

4. 交通运力不足

（1）交通运输线路短且少，总运力不足。一些地方的交通还不发达，有些偏远农村甚至没有公路，处在与世隔绝的状态，交通运输线路短且少，农业专用线配备欠缺，总运力不足。农村机动力运输量约占总运输量的20%，运力结构不能适应农业运输的需要。

（2）农业运输专业技术装备落后。由于农产品多为鲜活易腐货物，货运量大，对运输设备要求高，需要大量的专业运输工具。但目前农产品专业工具缺乏，农产品运输技术也相对落后，现代化的集装箱、散装运输发展缓慢，高效专用运输车辆少，农产品运输主要靠中型卡车。卡车能耗大、容量不足，并且大多是敞篷的，缺乏对农产品的有效保护，使一部分易腐货物互相挤压，造成腐烂变质，损失严重。

5. 加工处理水平低

农产品在流通过程中大多需要进行整理、分级、分类、烘干、散热、消毒、防腐包装等处理，而我国这些方面的作业能力因设备陈旧、装备水平落后、加工处理能力缺乏而明显不足。如国家每年收购的高水分原粮，利用干燥设备仅能处理1/4，大部分原粮依靠人工晾晒，耗费大量的人工费用。由于缺乏农产品深加工能力，农产品多以初级产品形式进入流通或终端消费，附加值收益无法获取，影响农业行业收益积累和农民收入增长。

6. 信息化手段不能适应需要

信息是农业物流的神经系统，从产前、产中到产后的储存、运输、加工及销售，每一个环节的物流信息应及时进行处理，方能应对市场变化。现阶段，大多数农产品物流企业获取信息主要依靠电话和人员外出搜集，广大农民获取信息的主要手段还是通过中介组织或电视广播，但通过这些渠道获得的信息数量有限，时间滞后，质量也难保证。归结起来，目前我国农产品物流信息化方面的问题具体表现为：

（1）信息网络不健全。物流信息网络缺乏，现有的信息网络不健全。目前大部分农业生产地区还未建起农产品信息网络系统，虽然有些地区已经有了农业信息网、交通运输网，但农资信息网和农产品加工、仓储网还处于空白。

（2）网络覆盖面不够。已有的网络只延伸到市县一级，与乡镇和大中型企业联网的比较少。甚至还有相当一部分的农村地区尚未实现“三通”，市场信息闭塞，缺乏先进信息设备和完备的农业信息网络，致使市场信息不能实现双向流通，情报功能未能充分发挥。各网络之间缺少整合平台，相互之间不沟通，难以形成整体合力。

（3）市场信息服务缺乏。农产品市场上还没有一个统一规划设计的信息系统，仅有提供少部分功能的类似于财务管理软件或库存管理软件信息载体。一些农产品批发市场仍然采用传统的广播、板报等方式发布少量品种、价格信息，有的市场则根本没有信息服务，不能为农产品生产、流通和加工提供全面、持续的信息。信息化服务体系建设明显滞后。

小资料

水产品是急需加强的冷链物流行业

改革开放以来，中国逐步形成以出口为导向的水产品生产、加工体系。目前向150个国家（地区）出口水产品，其中向日、美、韩和欧盟市场的出口量占总出口量的82%以上。在出口的水产品中，深加工产品出口额占第一位，冻鱼及鱼片名列出口量第一位。水产品生产、加工和出口对冷链物流，包括冷冻、冷藏和冷运的技术设备等要求都很严格。特别是要求鱼类即捕捞即冷冻，以保证其新鲜和质量，克服上岸后再冷冻产品已变质的问题。另外，水产品深加工无菌化的特点，需要包装容器和包装环境保持无菌化，而中国水产品无菌包装储藏与国外先进水平相比较存在较大差距。此外，水产品捕捞船舶陈旧、冷冻冷藏设施落后、冷藏运输能力不足、冷藏运输费用较高等，都很不适应水产业发展和水产品出口贸易的需要，加强这一薄弱环节势在必行。

（资料来源：中国食品商务网）

能力转化

◆简答题

1. 简述物流、农产品物流的基本概念。
2. 我国农产品物流的基本类型有哪些？
3. 我国农产品物流有哪些特点？
4. 当前影响我国现代农产品物流的主要障碍有哪些？
5. 请结合我国实际及发达国家的经验，谈谈应如何提高我国农产品物流的运作能力。

◆实践题

3人1组，分成学习小组，通过网络、报纸、杂志等媒体，搜寻你认为是农产品物流知识的相关材料，小组内进行讨论，并利用本单元的理论知识分析材料里涉及的具体内容。然后每个小组选一名代表发言。

单元二

农产品物流的基本功能

一、农产品包装与流通加工
二、农产品配运
三、农产品仓储
四、农产品物流信息

农村经济

【学习目标】

1. 理解农产品包装的含义，了解农产品包装的作用
2. 掌握农产品流通加工形式
3. 认识农产品运输与配送的特点
4. 了解农产品物流信息

项目一
农产品包装与流通加工

项目导入

台湾农产品包装案例欣赏——掌生谷粒

来自台湾、倡导有机农业的掌生谷粒认为“有机的耕作，是一场安静的农业革命”。他们推出了有机养生的“一齐米”。农田位于花莲，用溪水浇灌，用牛粪养田，粮食成长完全依靠自然的养分；碾磨的时候也特别注意了力道。这样精心培育出来的粮食，更要用心的包装来衬托，于是他们选用朴实的牛皮纸和纸藤搭配棉纸与有意显得笨拙的书法，每一包米都手工称重、包扎，严谨而扎实，携带这一季最温热敦厚的情感。这样带有泥土和稻花芳香的设计，最终获得了包括 2010 年台湾省文创精品金奖、2011 年德国红点设计大奖和 2011 年亚洲最具影响力设计大奖在内的诸多奖项。

◆ 启示　任何一种商品，只有通过包装，才算完成生产过程，商品才能进入流通领域和消费领域，才能实现商品的使用价值和价值。经过适当包装的商品，便于运输、装卸搬运、储存、清点和携带，为各方面提供便利。

知识储备

一、农产品包装

包装是指为在流通过程中保护产品、方便储运、促进销售，按一定技术方法而采用的容器、材料及辅助物等的总体名称。也指为了达到上述目的而采用容器、材料和辅助物的过程中施加一定技术方法等的操作活动。包装具有保护商品、标识、方便商品的流通和消费的作用。

（一）农产品包装的定义

农产品包装是对即将进入或已经进入流通领域的农产品或农产品加工品采用一定的容器或材料加以保护和装饰。农产品包装是农产品商品流通的重要条件。在流通过程中，粮食、肉类、蛋类、水果、茶叶、蜂蜜等农产品，不加包装则无法运输、储存、保管和销售，就无法送达消费者手中。因此现代市场营销要求，农产品包装是特定品种、数量、规格、用途等的农产品包装，每个包装单位的大小、轻重、材料、方式等应按照目标顾客需求、包装原则、包装技术要求进行，以保护农产品，减少损耗，便于运输，节省劳力，提高仓容，保持农产品卫生，便于消费者识别和选购，美化商品，扩大销售，提高农产品市场营销效率。

（二）农产品包装的要求

1. 对包装容器的要求

（1）包装容器应具有足够机械强度，防止包装容器在装卸、运输和堆码过程中变形。

（2）包装容器应具有一定的通透性，利于农产品散热和气体交换。

（3）包装容器应具有一定的防潮性，防止吸水变形，以免包装的机械强度降低而引起农产品腐烂。

（4）包装容器应具有无异味、无污染、无有害化学物质、清洁、卫生、成本低、易于回收处理等特点。

（5）包装外应注明商标、品名、等级、产地、重量、日期及储存条件。

2. 对包装方法的要求

农产品在包装容器内应有规律地排列，防止农产品在容器内滚动相互碰撞，使农产品在包装容器内能通风透气，并充分利用包装容器空间。根据不同农产品的特点可采用定位包装、散装和捆扎后包装，不耐压的农产品包装时应加支撑物或衬垫物，减少碰撞挤压。易失水的农产品应在包装容器内加塑料衬防止水分流失。

不同农产品的最大装箱深度

- 苹果：60 厘米
- 洋葱：100 厘米
- 甘蓝：100 厘米
- 梨：60 厘米
- 胡萝卜：75 厘米
- 马铃薯：100 厘米
- 柑橘：35 厘米
- 番茄：40 厘米

3. 对包装量和装箱深度的要求

农产品包装和装卸时应轻拿轻放，避免机械损伤。农产品包装量要适度，防止过满或过少造成损伤。包装容器里可装满农产品，但不要膨胀过满，承受堆垛负荷的应是包装容器而不是农产品本身。各种果品和蔬菜抗机械伤能力不同，为避免堆垛负荷过大，农产品装箱应注意装箱深度。

小知识

《中华人民共和国农产品质量安全法》的相关规定

《中华人民共和国农产品质量安全法》（以下简称《农产品质量安全法》）第二十八条规定："农产品生产企业、农民专业合作经济组织以及从事农产品收购的单位或者个人销售的农产品，按照规定应当包装或者附加标识的，须经包装或者附加标识后方可销售。包装物或者标识上应当按照规定标明产品的品名、产地、生产者、生产日期、保质期、产品质量等级等内容；使用添加剂的，还应当按照规定标明添加剂的名称。具体办法由国务院农业行政主管部门制定。"

（三）农产品包装策略

产品包装是整体产品的一个重要组成部分，绝大多数产品都要经过包装后生产过程才算完成。在现代市场营销中，对商品包装的要求越来越高，包装早已不再拘泥于保护商品、方便携带的功能。心理学研究表明：在人类接受的信息总和中，由视觉器官获得的占83%，听觉占11%，嗅觉占3.5%，触觉占1.5%，味觉占1%。因此，通过包装设计，激发顾客的购买欲望，提高农产品的竞争力，是农产品营销者必须高度重视的问题。现在发达国家的农产品是一流的产品，一流的包装，一流的价格。而我国的农产品则是一流的产品，三流的包装，三流的价格。新加坡进口的中国农产品与美国农产品包装有明显的差距，他们是印制精美的标准包装箱，而我们的则是蛇皮袋、麻袋之类的原始包装，价格差距可想而知。

包装设计的一项重要任务就是更好地符合消费者的生理与心理需要，通过更人性化的包装设计让人们生活更舒适、更富有色彩。因此在农产品的包装上，选择不同的包装策略将得到不同的包装效果。

1. 突出农产品形象的包装策略

突出农产品形象，是指在包装上通过多种表现方式突出该农产品是什么、有什么功能、内部成分和结构如何等形象要素的表现方式。这一策略着重于展示农产品的直观形象。厂商很难将所有产品的全部信息都详细地介绍给消费者，这种包装策略通过在包装上再现产品品质、功能、色彩、美感等，有助于商品充分地传达自身信息，给选购者直观印象，真实可信，以产品本身的魅力吸引消费者，缩短选择的过程。

2. 突出农产品用途和使用方法的包装策略

突出农产品用途和用法的策略是通过包装的文字、图形及其组合告诉消费者，该农产品是什么样的产品，有什么特别之处，在哪种场合使用，如何使用最佳，使用后的效果是什么。这种包装给人们简明易懂的启示，让人一看就懂，一用就会，并有知识性和趣味性，比较受消费者欢迎。

3. 展示企业整体形象的包装策略

企业形象对产品营销具有四两拨千斤的作用，因此，很多企业从产品经营之初就注重企业形象的展示与美誉度的积淀。运用这种包装策略的企业文化积淀比较深厚。有的企业挖掘企业文化透彻，并且能与开发的农产品有机地融合起来进行宣传，既有利于展示企业文化，介绍其产品，给消费者留下深刻的印象，又有利于促进销售。

4. 突出农产品特殊要素的包装策略

任何一种农产品都有一定的特殊背景，如历史、地理背景，人文习俗背景，神话传说或自然景观背景等，包装设计中恰如其分地运用这些特殊要素，能有效地区别同类产品，同时使消费者将产品与背景进行有效链接，迅速建立概念。这种包装策略运作得好，给人以联想的感觉，有利于增强人们购买欲望，扩大销路。

小资料

食品包装领域的强制性标准

2010 年 4 月 1 日，国家强制性标准《限制商品过度包装要求》（食品和化妆品）正式实施，对于食品等商品的包装行为有了明确的规定，其中规定食品包装层数不得超过 3 层，包装空隙率不得大于 60%，初始包装之外的所有包装成本总和不得超过商品销售价格的 20%。

二、农产品流通加工

（一）流通加工的定义

流通加工（Distribution Processing）是物品在生产地到使用地的过程中，根据需要施加包装、分割、计量、分拣、刷标志、拴标签、组装等简单作业的总称。

流通加工不同于生产加工。从加工对象来看，流通加工的对象是进入生产流通的商品，生产加工的对象不是最终商品而是原材料、零配件、半成品。从加工程度来看，流通加工大多为简单加工，是生产加工的一种补充；而生产加工较流通加工复杂。从加工组织者来看，流通加工的组织者大多为物流企业和从事流通加工的商业企业，而生产加工的组织者多为生产企业。

（二）农产品流通加工的定义

农产品流通加工是农产品从生产地到消费地的物流过程中，根据实际需要对农产品实施的除杂、分级、洗涤、涂蜡、预冷、包装、贴标签等加工活动。如超市向供应商订购初级产品时，供应商就要按照超市的要求进行必要的流通加工活动，同时超市也要根据消费群体的需要，对农产品进行必要的流通加工，以提供多样化、个性化的产品或服务。

（三）农产品流通加工的主要方式

1. 分级

分级是提高农产品商品质量和实现农产品商品化的重要手段。农产品采后经严格挑选、分级工序，选择大小均一、色泽一致、无病虫、无损伤的农产品，可以减少农产品在储运流通期间的损失，避免危险性病虫害的传播。

（1）分级标准。农产品分级标准化是非常重要的工作，是生产者、贸易商和销售者三者之间互相关联的纽带，标准化的农产品便于包装、储存、运输和销售，农产品附加值大，经济效益高。

农产品分级标准有国际标准、国家标准、协会标准和企业标准。果品的国际标准是1954年在日内瓦由欧共体制定的，许多标准已经过重新修订。目前，农产品国际标准体系已基本涵盖主要果品和蔬菜种类。《中华人民共和国标准化法》根据标准的适应领域和范围，把标准分为4级：国家标准、行业标准、地方标准和企业标准。

- **国家标准**　是国家标准化主管机构批准发布，在全国范围内统一使用的标准；
- **行业标准**　即专业标准、国家部委标准，是在没有国家标准的情况下，由主管机构或专业标准化组织批准发布，并在某个行业范围内统一使用的标准；
- **地方标准**　是在没有国家标准和行业标准的情况下，由地方制定、批准发布，并在本行政区内统一使用的标准；
- **企业标准**　由企业制定，在本企业内统一使用。

我国自1999年实施农业行业标准制定、修订专项计划以来，已经制定和发布一大批果品农业行业标准。

果品分级标准因种类、品种不同而异。我国目前通行的做法是在果形、新鲜度、颜色、品质、病虫害和机械伤等方面已经符合要求的基础上，再按果实大小进行分级。如我国出口的红星苹果，直径从65～90毫米，每相差5毫米为一个等级，共分为五个等级。

蔬菜由于食用部分不同，很难有一个固定统一的分级标准，只能按照各种蔬菜对品质的要求制定标准，一般分为三级，即特级、一级和二级。特级蔬菜品质最好，具有本品种的典型形状和色泽，没有影响蔬菜组织和风味的内部缺点，大小一致，包装排列整齐，在数量或重量上可以有5%的误差；一级蔬菜与特级有同样的品质，在色泽、形状上允许少有缺点，外表稍有缺点，不需要整齐地排列在包装箱内，可以有10%的误差；二级蔬菜可以呈现某些内部和外部缺陷，价格低廉。

（2）分级方法。采后农产品的分级应该在通风凉爽的地方或有低温控制的包装间进行。农产品的分级方法有人工分级和机械分级两种。

人工分级

是目前我国农产品产地和中小型企业主要的分级方法，能最大限度地减少农产品的机械伤害，适用于多种农产品，但是工作效率低，级别标准有时不严格。具体方法有两种：一是单凭人的视觉判断，按照农产品的外观颜色、大小将农产品分为若干等级，该方法容易受人的心理因素影响，结果偏差较大。二是用选果板（图2-1）分级，板上有一系列直径大小不同的孔，根据果实横径大小进行分级，该方法使得同一级别的农产品大小基本一致，偏差较小。

机械分级

机械分级的最大优点是工作效率高，适用于那些不易受伤的农产品。有时为了使分级标准更加一致，机械分级常常与人工分级结合进行。目前我国已经研制出分级机，主要有重量分级装置（图 2－2）、形状分级装置、颜色分级装置和综合分级装置。重量分级装置按照被分级的农产品重量与预先设定的重量进行比较分级，多用于苹果、梨、桃、番茄、西瓜、马铃薯等农产品的分级，主要有机械秤式和电子秤式两种类型。形状分级装置是按照被分级农产品的形状、大小进行分级，有机械式和光电式等不同类型。颜色分级装置是根据农产品的颜色进行分级。农产品的颜色代表农产品的成熟度，如利用颜色摄像机和电子计算机处理红、绿两色型装置可用于番茄、柑橘和柿果的分级，可以同时判断出果实的颜色、大小及表皮有无损伤情况。综合分级装置既根据果实着色程度又根据果实大小进行分级，是目前世界上最先进的果实采后处理技术。

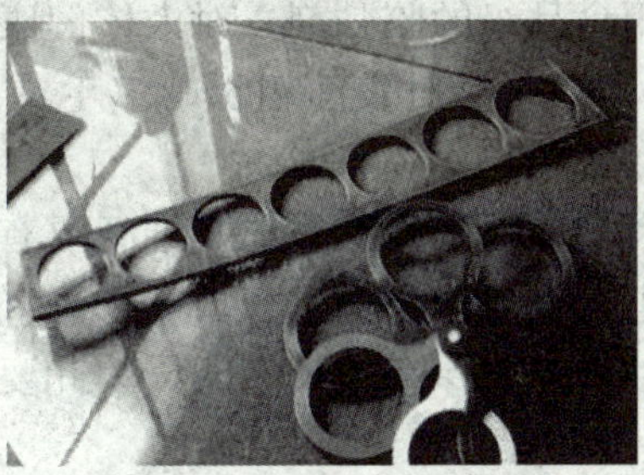

图 2－1　选果板

图 2－2　重量分级装置

2. 洗涤

洗涤的主要目的是去除农产品表面的尘垢、泥沙及农药残留，可以同时美化农产品的外观、降低农产品储存期间的腐烂率。农产品常用浸泡、冲洗、喷淋等洗涤方式。农产品洗涤机械有以下几种：

辊轴刷式清洗机

由一对上下配置、转动速度不同的辊轴组成，辊轴上装有毛刷或海绵状橡皮刷，洗涤外形不太复杂的根菜类蔬菜，还可除去根菜类的根毛，洗涤胡萝卜、萝卜的效率可达到 1 500～3 000 千克/小时。

滚筒式清洗机

由一个网状旋转的圆筒组成，停靠蔬菜在筒中的来回滚动互相摩擦清洗。

剥皮清洗机

以快速辊子为主要部件，旋转两周就可完成剥皮或清洗。洋葱剥皮时使用压缩空气作为工作介质，使压缩空气吹入葱皮孔隙，旋转时把皮剥下。

喷射式清洗机

蔬菜放在网状输送带上，在输送过程中受到高压水的冲洗，这种机械用于清洗形状不规则的蔬菜。

超声波清洗装置

由设置在水中的高频振源产生压力，使蔬菜表皮上的污物脱落，适用于叶菜等形状复杂的一类蔬菜。

洗涤水一定要干净卫生。洗涤时，可以在洗涤水中加入合适的防腐剂或杀菌剂，以抑制病原菌的生长，防止农产品采后腐烂，延长农产品的储藏期。水洗后的农产品需要进一步晾干处理，去除农产品表面的水分，否则农产品在储藏或运输中容易引起腐烂。

3. 贴标

贴标是农产品商品化处理的重要环节，是加快实施农产品品牌战略、发展农产品标准化、精细化、国际化的必要环节。在世界范围内，越来越多的销售商为分级后的农产品贴标，以显示农产品的标准信息，如品种产地、尺寸及追踪编码等。

(1) 对标签纸的要求。

- **安全性** 用于农产品的不干胶标签，应使用食品级的胶黏剂，对人体健康无影响。
- **黏结性** 标签贴在农产品表面上要贴得牢，特别是对表面粗糙、多毛或涂蜡的果品，要轻柔且牢固地贴上标签。
- **易揭性** 一是在保证标签不与底纸自行分离的前提下，标签与底纸间要有良好的剥离性；二是指贴在农产品表面上的标签既要粘得牢，也要容易揭去。
- **防水性** 有的贴上标签的农产品在冷藏条件下需要保存较长时间，因此要求标签可在冰冷与潮湿的冷藏情况下具有良好的防水性。
- **抗拉性** 自动贴标机都是牵动标签底纸来移动标签的，标签底纸要有良好的抗拉断性。

(2) 贴标的分类。贴标可以分为人工贴标和自动贴标。人工贴标作业主要存在以下问题：贴标速度慢、用工量多，贴不牢，标签易污染。贴标工人的手频繁接触标签纸，标签纸受污染的机会很大，会影响农产品的商品性。从适应农产品采后商品化处理的要求，以及提高生产效率的角度出发，有必要加强对农产品自动化贴标技术的研究，提高我国农产品贴标自动化程度。我国目前基本上以人工贴标为主。

(3) 贴标机。从 1974 年美国 FMC 公司申请第一个果品贴标机专利以来，果品贴标技术的发展非常迅速。目前，贴标机种类多种多样、各具特色。按采后作业的自动化程度，果品贴标机可以分为手持半自动果品贴标机（图 2 - 3）和在线全自动果品贴标机（图 2 - 4）。在保证贴得牢和不伤果品的前提下，果品自动化贴标技术的发展将呈现高速化、智能化、低耗化和无纸化的趋势。

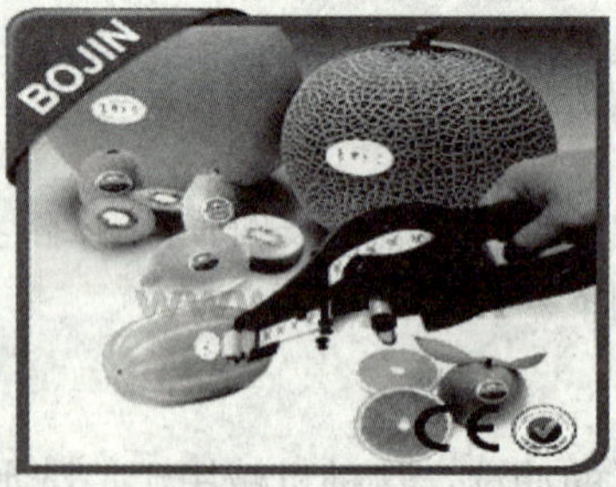

图 2 - 3　手持半自动果品贴标机

图 2 - 4　全自动果品贴标机

4. 涂蜡

涂蜡可减少农产品采后失水、保持品质新鲜、增加农产品表面光泽度、美化农产品的外观，从而提高农产品商品价值。涂蜡在国外应用已经有 70 多年的历史，我国在果蔬上的涂蜡处理虽然有 20 多年的历史，但发展较慢。为促进中国果蔬产业的发展、提高市场竞争能力，必须在一些适宜涂蜡的果品上实施涂蜡处理。

（1）涂蜡的主要作用。一是减少农产品水分蒸发。采收后的农产品在储运、销售过程中，仍进行自身蒸腾作用，从而使农产品不断失水、农产品表面出现皱缩，商品价值大大下降。农产品的蒸腾作用是通过农产品表面气孔进行的，涂蜡后农产品表面会形成一层薄蜡膜而使气孔封闭，从而能减少失水。二是减少农产品腐烂率，提高好果率。农产品腐烂主要是由微生物引起的。涂蜡层不仅可以封闭农产品表面存在的微小损伤和擦伤，其本身又是杀菌剂和保鲜剂的有效载体。因此涂蜡可以防止农产品储藏、运输、销售过程中致腐真菌病害和某些生理病害。三是改善农产品外观颜色和品质。在涂蜡材料中混用增色剂，称为“上色”，农产品外观会更加美丽。上色多用于上市之前的果实处理。如添加橘红色素的涂蜡材料用于柑橘、甜橙的涂蜡处理，可以达到美化果实外观的效果。

（2）涂蜡的分类和应用。目前应用的大多数蜡涂料都是以石蜡和巴西棕榈蜡混合作为基础原料的。石蜡可以很好地控制失水，而巴西棕榈蜡能使农产品产生诱人的光泽。近年来，含有聚乙烯、合成树脂物质、乳化剂和润湿剂的蜡涂料被逐渐应用，它们常作为杀菌剂的载体或作为防止衰老、生理失调和发芽抑制剂的载体。我国开发的吗啉脂肪酸果蜡（CFW 果蜡），是一种水溶性果蜡，可以作为水果和蔬菜采后商品化处理的涂蜡保鲜剂，其质量已经达到国外同类产品水平。虫胶以 2 号、3 号涂料的性能比较稳定，效果好。虫胶涂料溶液通常用水冲稀搅拌均匀后使用，加水量一般为涂料重的 1～4 倍。虫胶涂料最好随配随用，稀释后的虫胶不宜久存，每 1 千克虫胶可涂果品 1 吨左右。

（3）使用涂蜡应注意的事项。一是涂蜡应厚薄均匀、适当。二是涂蜡材料、混用的增色剂必须安全无毒、无损人体健康。涂蜡材料必须为食用蜡和食用色素，而且使用剂量必须在国家安全标准内。三是要成本低廉，使用方法简便，材料易得，便于推广。四是涂蜡处理只能在一定的期限内起辅助作用，只能对短期储藏、运输或上市前的农产品进行涂蜡

小知识

预　冷

预冷是指食品从初始温度（30 ℃左右）迅速降至所需要的终点温度（0～15 ℃）的过程，即在冷藏运输和高温冷藏之前的冷却以及快速冻结前的快速冷却工序统称为预冷。农产品的快速预冷，有利于保持农产品品质和延长其货架期。农产品的冷链运输或冷藏保鲜效果在很大程度上取决于能否及时迅速地将农产品预冷以及排除田间热和降低呼吸强度。农产品采后预冷要求降温速度快，通常在农产品采收后 24 小时内达到要求的预冷温度，且降温速度越快越好。农产品预冷的终点温度依据产品种类、品种不同而异，要求预冷的终点温度达到或者接近农产品适宜的储存温度。依据预冷介质不同，农产品预冷方法有空气冷却、水冷却、接触加水冷却、真空冷却等方法。

处理，或农产品储藏之后上市之前的处理，以改善农产品的外观。对长期储藏的农产品，涂蜡处理应该慎重。

（4）涂蜡处理的方法。

● **浸涂法** 将涂料配成一定浓度的溶液，把水果和蔬菜浸入溶液中，一定时间后，取出晾干、包装、储藏和运输。这种方法耗费蜡液多，不易掌握涂膜厚薄。

● **刷涂法** 用细软毛刷或用柔软的泡沫塑料蘸上涂料液在果实表面涂刷以至形成均匀的涂料薄膜。

● **喷涂法** 水果和蔬菜清洗干燥后，喷涂上一层均匀的薄层涂料。

项目二
农产品配送

项目导入

上海联华生鲜食品加工配送中心的物流配送

上海联华生鲜食品加工配送中心有限公司主营生鲜食品的加工、配送和贸易，拥有资产总额近 3 亿元，是具有国内一流水平的现代化生鲜加工配送企业。公司占地面积 22 500 平方米，包括生产车间、冷库、配送场地、待发库、仓库（地下室）、办公楼等，运输车辆 46 辆（其中 24 辆为制冷保温车），保证商品的安全生产和快速流通。生鲜食品是超市最重要的商品经营品种。生鲜食品加工配送由于其商品的特殊性，是物流系统中复杂程度最高、管理最难的品类，服务水平要求也高。

门店的要货订单通过联华数据通信平台，实时传输到生鲜配送中心，在订单上标明各商品的数量和相应的到货日期。生鲜配送中心接到门店的要货数据后，立即在系统中生成门店要货订单，此时可对订单进行综合查询。生成完成后，对订单按到货日期进行汇总处理，系统按不同的商品物流类型进行不同的处理。

在接到门店的订单并汇总后，物流计划部根据第二天的收货、配送和生产任务制订物流计划。计划包括人员安排、车辆安排、批次计划、线路计划、生产计划、配货计划等。

如储存型生鲜食品物流运作过程如下：

1. 进货

上海联华的商品在进货时先要接受订单品种和数量的预检，预检通过方可验货。验货时需进行不同要求的品质检验，由终端系统检验商品条码并记录数量。在商品进货数量上，定量商品的进货数量不允许大于订单数量，不定量的商品提供一个超值范围。对于以重量计量的商品，系统和电子秤系统连接，自动去皮取值。

2. 拣货

拣货采用播种方式，根据汇总取货，汇总单标识从各个仓位取货的数量，取货数量为本批配货的总量，取货完成后系统预扣库存，被取商品从仓库仓间拉到待发区。在待发区配货分配人员根据各路线各门店配货数量对各门店进行播种配货，并检查总量是否正确，如不正确向上校核，如果商品的数量不足或其他原因造成门店的实配量小于应配量，配货人员通过手持终端调整实发数量，配货检验无误后使用手持终端确认配货数据。

3. 配货

在配货时，冷藏和常温商品被分置在不同的待发区。

4. 笼车出库

当全部区域拣选结束后，装有商品的笼车由笼车升降机送至一层。工作人员将不同商店分散在多台笼车上的商品归类，附上交货单，依照送货平台上显示的商品号码将笼车送到等待中的对应运输车辆上。电脑配车系统将根据门店远近，合理安排配车路线。

（资料来源：中国物流与采购网，http://www.chinawuliu.com.cn/xsyj/201101/04/143792.shtml，2011－01－04）

◆ 启示　我国是鲜活农产品生产大国，蔬菜、水果、畜禽等多种鲜活农产品的产量位居世界前列。加上我国地域广阔，生鲜食品的运输与配送量比较大，上海联华生鲜食品加工配送中心是众多从事农产品物流配送的成功者。作为初学者，我们必须学习有关农产品运输与配送的基础知识。

知识储备

一、农产品运输

（一）运输与农产品运输

1. 运输

运输指使用交通工具将货物或人从一个地方运送到另一个地方。运输与搬运的区别在于，运输是指较大范围的活动，而搬运活动是指在较小范围内对物体进行移动。运输是物流的主要功能之一。运输承担了改变货物空间状态的主要任务，运输再配以搬运、配送等活动，就能圆满完成改变货物空间状态的全部任务。

2. 农产品运输

农产品运输是指借助运输工具实现农产品在空间上的位置移动。由于农产品受气候、土壤等因素的影响，具有较强的地域性，农产品收获后，除少部分就地供应外，大量产品需要转运到人口集中的城市、工矿区和贸易集中地销售。通过农产品运输，在生产者与消费者之间架起了桥梁，便于实现异地销售，是农产品流通过程中必不可少的重要环节。

（二）农产品运输方式

1. 铁路运输

铁路运输是使用铁路列车运送客货的一种运输方式，主要承担长距离、大数量的货运，在没有水运条件的地区，几乎所有大批量货物都是依靠铁路来运输的。铁路运输成本略高于水路干线运输，为汽车平均成本的1/5左右。铁路运输因成本低、速度快、受自然因素影响小等优势，在农产品运输体系中发挥着重要作用。

铁路运输的工具是列车，根据运输过程中列车的使用情况，铁路运输分为三种：整车运输、零担运输和集装箱运输。

整车货物运输

托运人向铁路托运货物的重量、体积或形状需要以一辆及以上火车运输时，应按整车运输的方式向铁路承运人办理托运手续。

可选择整车运输方式的产品有：需要冷藏、保温或加热运输的农产品；按规定限整车办理的危险货物；易于污染其他货物的污染品；不宜计算件数的货物如蜜蜂，未装容器的活动物，重量超过2吨、体积超过3米或者长度超过9米的一批货物。

零担货物运输

托运人向铁路托运货物的重量、体积、形状不需要以一辆及以上货车运输时，可按零担运输的方式向铁路承运人办理托运手续，其托运货物可与其他托运货物共放一个车厢。

集装箱运输

集装箱运输是利用集装箱运输货物的方式，是一种既方便又灵活的运输措施。

铁路运输系统技术设施主要由线路、机车车辆、信号设备和车站四部分组成。线路是列车运行的基础，承受列车重量，并且引导列车的行走方向。机车车辆包括机车和车辆两部分。车辆主要用于承载货品，无动力，需由机车牵引。由于需求不同，货运车辆的种类有很多，如棚车、敞车、平车、罐车、保温车、特种车等。农产品运输中常用的是棚车（图2-5）和保温车（图2-6）。信号设备的作用是保证列车运行安全和提高铁路的通过能力，包括铁路信号、连锁设备和闭塞设备。车站是铁路办理客货运输的基地，是铁路系统的基本生产单位。

图2-5　棚　车

图2-6　保温车

2. 公路运输

公路运输主要是指使用各种车辆，包括汽车、人力、畜力车等运输工具在公路上进行运输的方式。虽然公路运输具有运载量小、耗能大、运输效率低、道路不平时振动大、产品易损伤等缺点，但其具有较强的灵活性和适应性，且无须对货物进行分装即可直接送往销售地，还可以到达没有铁路的偏远地区，极大地扩展了运输辐射半径，最适合时效性很强的水果、蔬菜、鲜活水产品、花卉等的中短途距离运输。

公路运输按照其服务方式不同，可以分为零担运输和整车运输。

零担运输

零担运输指所运输的货物从承运至送达收货人手中整个过程需要经过分拣拼装的环节才能完成的运输组织方式。零担运输产生于两种情况：其一，被运送的货物批量太小，直达运输不经济；其二，由于道路通行条件等原因，为了达到快捷、经济运送的目的而选用零担快运的组织方式。

目前，随着高速公路的兴建，以高速公路为依托的零担运输已经建立起发达的网络，其运输的经济运距和运送能力也大大提高，特别是货运交易市场的发展使许多零担货物可以由社会车辆通过回程配载的形式承运至各地，既经济又及时，这为公路零担货运吸引了大量货源。

整车运输

整车运输是指从接货承运直到送达收货人整个运送过程，货物不需经过分拣拼装的运输组织方式。同零担运输相比，整车运输方式在基本作业流程中简化了货物的装卸分拣作业过程，货物由发货人起运可以直接快运到收货人手中。

小知识

我国的公路分级

高速公路是指专供汽车分道高速行驶、并全部控制出入的公路，一般能适应按各种汽车折合成小客车的远景设计，年平均昼夜交通量为 25 000 辆以上。

一级公路为供汽车分向、分车道行驶的公路，一般能适应按各种汽车折合成小客车的远景设计，年平均昼夜交通量为 15 000～30 000 辆。

二级公路一般能适应按各种车辆折合成中型载重汽车的远景设计，年平均昼夜交通量为 3 000～7 500 辆。

三级公路一般能适应按各种车辆折合成中型载重汽车的远景设计，年平均昼夜交通量为 1 000～4 000 辆。

四级公路一般能适应按各种车辆折合成中型载重汽车的远景设计，年平均昼夜交通量为：双车道 1 500 辆以下，单车道 200 辆以下。

农产品公路运输的主要工具是货运汽车。货车又分为普通载货汽车（图 2－7）、厢式货车（图 2－8）、专用载货汽车、牵引车等。

普通载货汽车按载货量的不同分为小型、中型和重型三类。小型货车载货吨位在 2 吨以下，多为低货台，人力装卸较方便，主要用于市内集货、配送运输。中型货车载货在 2～8吨，主要用于市内运输，在我国城市之间、乡村地区使用较多。重型货车载货在 8 吨以上，一般为高货台，主要用于长途干线运输。

厢式货车具有的载货车厢有防雨、隔绝等功能，安全性好，可防止货品散失、盗失等，但由于自重较重，无效运输比例较高。厢式货车按开门方式分为后开门式、侧开门、两侧开门式、侧后双开门式、顶开式和翼式等类型。后开门式适用于后部装卸，方便手推车进入，车厢与站台接靠，占用站台位置较短，有利于多车辆装卸；侧开门式适用于边部叉车装卸，货车侧部与站台接触，占用站台长度较长；顶开式适用于吊车装卸；翼式适用于两侧同时装卸。因此，这种载货汽车广泛用于商业和邮件运输等各种服务行业，是农产品配送的主要工具。

图 2-7　普通货车

图 2-8　厢式货车

在选择车辆时需要考虑汽车的适用性能，如容量、动力性、通过性、安全性和经济性等。容量表示汽车能同时装载货品的数量，由容积和载重两方面决定；动力性主要反应在汽车的最高速度、最大爬坡度等方面；通过性指汽车通过恶劣路面和跨越障碍的能力，主要反应在转弯半径、接近角、离去角的大小等方面；安全性指汽车保证运行安全的能力，主要反映在车辆的稳定性和制动性两方面；经济性指汽车消耗方面的特性，主要由千米油耗的高低来表示。

3. 水路运输

水路运输是指使用船舶在通航水道进行客货运输的运输方式。水路运输包括河运和海运，水路运输的优点是行驶平稳，由振动引起的损伤少、运量大、运费低廉。我国的水运货物周转量已逐渐上升到各种运输方式中的第一位。但水路运输因受自然条件的制约，限制在水网地带及沿海，在我国内河水路运输的中转环节往往较多，等待时间长，运输速度慢，影响果蔬产品的质量。因此，我国水运适合承担时效不强的粮食、棉花等大宗农产品的长距离运输。海上运输在国外发展速度很快，多以外置式冷藏集装箱及冷藏船为运输工具。这为果蔬运输中的保鲜提供了便利。因此，果蔬的国际贸易，主要是靠海上冷藏运输的。海运是最便宜的运输方式，与公路、铁路、航空运输相比费用较低。船舶是水路运输系统的重要组成部分，是水路运输的必要运输工具。常见的运输船舶有散货船（图 2-9）、集装箱船（图 2-10）、滚装船（图 2-11）、冷藏船（图 2-12）等。

图 2-9　散货船

图 2-10　集装箱船

图 2-11　滚装船

图 2-12　冷藏船

散货船

散货船是专门运输谷物、矿砂、煤炭及散装水泥等大宗散装货物的船舶，特点是单层甲板、尾机型，船体肥胖，航速较低，因常用专用码头装卸，船上一般不设装卸货设备。通常载重量为 3 万吨左右，少数能达到几十万吨。散货船一般为单向运输，为使船舶有较好的空载性能，压载水量较大，常在货舱两侧设有斜底边舱。

集装箱船

集装箱船是载运规格统一的标准货箱货船，因装卸效率高、经济效益好等优点而得到迅速发展，集装箱运输的发展是交通运输现代化的重要标志之一。集装箱船的特点是船型尖瘦、舱口尺寸大、便于装卸。通常船上无装卸设备，由码头装卸，以提高装卸效率。

滚装船

滚装船类似于汽车与火车渡船，它将载货的车辆连货带车一起装船。到港后一起开出船外，适用于装卸繁忙的短程航线，也有向远洋运输发展的趋势。

冷藏船

冷藏船是使鱼、肉、水果、蔬菜等易腐食品处于冻结状态或某种低温条件下进行载运的专用运输船舶。因受货运批量限制，冷藏船吨位不大，通常为数百吨到数千吨。近年来，为提高冷藏船的利用率，出现了一种能兼运汽车、集装箱和其他杂货的多用途冷藏船，吨位可达 2 万吨左右。冷藏船航速高于一般货船，万吨级多用途冷藏船的航速每小时超过 20 海里。

4. 航空运输

航空运输是指使用各种航空器进行运输的一种形式，因其速度快、安全准确、不受各种地形限制等优势，近年来在农产品运输中发展很快。航空运输平均送达速度比铁路快 6～7倍，比水运快近 30 倍，特别适于运输一些时效性极强的特殊农产品、鲜活产品、贵重产品或要求时间紧的产品。常见的航空运输类型有包机运输、集中托运和航空快递业务。

包机运输

包机运输方式可分为整包机和部分包机两类。指航空公司按照与租机人事先约定的条件及费用，将整架飞机或部分舱位租给包机人，从一个或几个航空港装运货物至目的地。

小知识

载　驳　船

载驳船是载运货驳的运输船舶，又称“子母船”。载驳船用于河海联运，其作业过程是先将驳船（子船）装上货物，再将驳船装上载驳船（母船），运至目的港后，将驳船卸下水域，由内河推船分送至目的港装卸货物并待另一次运输。载驳船的优点是不需码头和堆场，装卸效率高，停泊时间短，便于河海联运。其缺点是造价高，需配备多套驳船以便周转，需要泊稳条件好的宽敞水域作业，且适宜于货源比较稳定的河海联运航线。

集中托运

集中托运是将若干票单独发运的、发往同一方向的货物集中起来作为一票货，填写一份总运单发运到同一到站，再由当地货运代理人收货、报关并分拨给各实际收货人的做法。集中托运可争取较低的运价，并可使货物到达航空公司到达地点以外的地方，延伸了航空公司的服务，方便了货主。目前，集中托运在世界范围内已普遍开展，成为我国进出口货物的主要运输方式之一。

航空快递业务

航空快递业务又称“航空急件传送”，是目前国际航空运输中最快捷的运输方式，由一个专门经营快递业务的机构与航空公司密切合作，设专人用最快的速度在货主、机场、收件人之间传送急件，特别适用于急需的药品、医疗器械、贵重物品、图纸资料、货样及单证等的传送，被称为“桌到桌”运输。这是一种最为快捷的运输方式，急送运达时间一般在一两天甚至数个小时，特别适合于各种急需物品和文件资料。

航空运输装备由航空港、航空线网和机群组成。航空港是航空运输的经停点，是供飞机起降的场地及设施，由飞行区、运输服务区和机务维修区组成。航空线网由航线、航路组成。飞机用于装卸旅客与货品，客货两用飞机的下层舱为货舱，货机（图 2－13）在定期航线上专门运输货物。

图 2－13　货运飞机

5. 联运

由两种及两种以上交通工具相互衔接、转动而共同完成的运输过程称为复合运输，我国习惯上称为“多式联运”。农产品联运是指农产品从产地到目的地的运输全过程使用同一运输凭证，采用两种及两种以上不同的运输工具相互衔接的运输过程。如铁路、公路联运，水陆联运，江海联运等。国外普遍采用的联运方式是：将集装箱装在火车的平板上或轮船内，到达终点站或港口时，将集装箱卸下来，装车后进行短距离的公路运输，直达目的地。联运可以充分利用各种运输工具的优点，克服交通不便，促进各种运输方式的协作，简化托运手续，缩短运输时间，节省运费。

小资料

中韩陆海联运添海上通道

2014 年 7 月 1 日，烟台至韩国平泽中韩陆海联运汽车货物运输通道正式开通。山东是中韩陆海联运汽车货物运输的试点省份，烟台是山东省内第 6 个开通的试点口岸。这条水上运输大通道开通后，货物运输可实现夕发朝至，鲜活农产品次日便可进入韩国超市。

（三）农产品运输合理化

影响运输合理化的因素很多，起决定性作用的是运输距离、运输环节、运输工具、运输时间、运输费用。运输合理化的措施主要有：

1. 提高运输工具实载率

充分利用运输工具的额定能力，减少车船空驶和不满载行驶时间。农产品配送及铁路运输中采用整车运输、合装整车、整车分卸及整车零卸等具体措施，都是提高实载率的有效措施。

2. 发展社会化的运输体系

运输社会化的含义是发展运输的大生产优势，实行专业分工，打破一家一户自己发展运输的状况。社会化运输体系中，各种联运体系是水平较高的一种方式，联运方式充分利用面向社会的各种运输系统，通过协议进行一票到底的运输，有效打破了一家一户的小生产，受到广泛欢迎。

3. 加强流通加工，提高运输合理化

加强流通加工是追求运输合理化的一种重要形式，其要点是通过减少中转、过载、换载从而提高运输速度，节省装卸费用，降低农产品在中转过程的货损，从而大大提高运输效率。由于鲜活农产品本身的形态及特性问题，很难实现运输的合理化，如果进行适当加工，就能够有效解决合理运输问题，如将其净化处理、标准化包装，以减少腐烂或变质。水产品及肉类预先在其夹层放冰块降温，可提高车辆装载率并降低运输损耗。

4. 发展先进运输技术和运输工具

我国鲜活农产品多以自然形态运销，80%～90%的水果、蔬菜、禽肉、水产品在露天而非冷库和保温场所装车，用普通卡车敞开式运输，至多上面盖一场帆布或塑料布，有时棉被成了最好的保温材料。裸露、非冷藏的粗放运输方式，增加了在运输、分销、零售以及多次装卸过程中的二次污染机会。用冷库、冷藏保温车等保持和延长鲜活农产品的物理特性；用专用散装车及罐装车解决粉状、液状物运输损耗大、安全性差等问题；用滚装船解决车载货的运输问题；集装箱船比其他船舶能容纳更多的箱体，集装箱调整直达车船加快了运输速度等，这些都是用先进科学技术实现运输合理化的途径。

二、农产品配送

（一）配送与农产品配送

1. 配送

配送是指在经济合理区域范围内，根据客户要求，对物品进行拣选、加工、包装、分割、组配等作业，并按时送达指定地点的物流活动。配送是物流中一种特殊、综合的活动形式，商流与物流紧密结合，包含了商流活动和物流活动，也包含了物流中若干功能要素的一种形式。

运输与配送的区别

- **运输性质**　配送是支线运输、区域内运输、末端运输，而运输则属于干线运输。
- **货物性质**　配送所运送的是多品种、少批量，而运输则是少品种、大批量。
- **运输工具**　配送时所使用的是小型货车，而运输使用的是大型货车或铁路运输、水路运输等重吨位运输工具。
- **管理重点**　配送始终以服务优先，而运输则更注重效率，以效率优先。
- **附属功能**　配送所附属的功能较多，主要包括装卸、保管、包装、分拣、流通加工、订单处理等，而运输则只有装卸和捆包。

2. 农产品配送

农产品配送是指按照农产品消费者的需求，在农产品配送中心、农产品批发市场、连锁超市或其他农产品集散地进行加工、整理、分类、配货、配装和末端运输等一系列活动，最后将农产品交给消费者的全过程。

（二）农产品配送特点

1. 配送网点分布众多，运输装卸次数多

由于农业生产点多，面积大，消费农产品的地点也很分散，农产品运输和装卸比工业产品要复杂得多，单位产品运输消耗的社会劳动大。一般的，企业设置几个较大的配送中心，由这些配送中心再向小配送中心供货，由小配送中心再向用户配送。造成这种现象的主要原因是由于城市交通的限制以及为了及时满足用户需求，企业不得不在距离用户较近的居民区设置大量配送点。因此，只有科学规划农产品物流流向，才能有效地避免对流、倒流、迂回等不合理运输现象。

2. 配送技术要求较高

农产品具有鲜活易腐性，须在流通中采取有效的措施，才能保证农产品合乎质量要求进入消费者手中。鲜活农产品物流配送需要冷藏库、冷藏运输车、加工车间等一系列冷链处理。一般来说，农产品在流通环节需要分类、加工、整理等工作，在农产品储运过程中部分农产品需要特殊容器和设备。农产品流通比工业产品流通具有更强的资产专用性，运输成本也更高。

3. 配送范围区域性，运输受限不均衡

由于农产品生产具有区域性，而人们的需求是多样的，因而需要不同区域间进行流通

交易。但是由于农产品的鲜活易腐性，即使采取了保鲜等措施，仍会有一定比例的损耗，而且这个比例会随着时间和距离的加大而迅速增加，使流通成本上升，这限制了农产品的流通半径。在生鲜加工配送环节，因生鲜产品保温保鲜和加工制作周期等诸多原因，大大限制了生鲜农产品配送中心的服务支持半径，使其不同于常温产品的配送方式。

4. 配送风险大，安全问题严峻

日前，鲜活食品的经营日益成为超市卖场的主打，但这一部分产品的物流配送也日益成为所有配送商品中流通风险最大的。农产品物流风险主要来自三方面：一是农产品生产和消费的分散性，使得经营者难以取得垄断地位，市场信息极为分散，难于全面把握市场供求信息及竞争者信息。二是农业生产的季节性强，生鲜农产品上市时如果在短时间内难以调节，会使市场价格波动过大。这种现象在我国农产品流通中经常出现。三是以鲜活形式为主的农产品，限制了农产品跨区域间和跨季节间的即时调节，这使农产品物流和加工配送具有更大的相对经营风险。

由于我国鲜活农产品在储藏、加工、运输等环节没有严格的温度标准，微生物等有害物质会大量滋生或造成二次污染，影响了农产品品质，严重威胁食品卫生安全，食品安全问题表现突出。

（三）农产品配送形式

1. 定时配送

定时配送是按规定的时间间隔进行配送，每次配送的品种、数量可按计划执行，也可以在配送之前以商定的联络方式通知配送时间和数量。定时配送可以区分为日配、准时配送和快递方式。

日配

日配是接到订单要求后，在 24 小时之内将货物送达的配送方式。一般的，日配的时间要求大致为：上午的订单下午即可送达，下午的配送要求第二天早上送达。

准时配送

准时配送是按照对方的协议时间，准时将货物配送到用户处的一种方式。其特点是根据用户的生产节奏，按指定的时间将货物送达。这种方式比日配更为精密，利用这种方式，连“暂存”的微量库存也可以取消，实现零库存。

快递方式

快递方式能在较短的时间内实现送达服务，但不明确送达的具体时间。在农产品快递服务中，必须注意时间问题，所以快递方式一般比较少用。

2. 定量配送

定量配送是按规定的批量在一个指定的时间范围内进行配送。这种配送方式由于配送数量固定，备货较为简单，可以通过与用户的协商，按托盘、集装箱及车辆的装载能力确定配送数量，以提高配送效率。

3. 定时定量配送

定时定量配送是按照规定的配送时间和配送数量进行配送，兼有定时配送和定量配送

的特点，要求配送管理水平较高。如农产品配送中心对一些超市每天定时定量进行农产品配送。

4. 定时定路线配送

定时定路线配送是在规定的运行路线上制订到达时间表，按运行时间表进行配送，用户可按规定路线、站点和规定时间接货，或提出其他配送要求。一般大型连锁集团会针对连锁超市实行这种方式。

5. 应急配送

应急配送是完全按用户突然提出的配送要求随即进行配送的方式，是对各种配送服务进行补充和完善的一种配送方式，主要应对用户由于事故、灾害、生产计划的突然变化等因素所产生的突发性需求以及一般消费者经常出现的突发性需求，如奥运期间的农产品应急配送。这种配送服务实际成本很高，难以用作经常性的服务方式。

（四）农产品配送的基本作业环节

农产品配送是一个产品集散过程，不同的农产品配送企业其具体的业务流程有所不同。一般都包括备货、理货和送货三个环节。

1. 备货

备货是准备货物的系列活动，包括筹集货物和存储货物。筹集货物是由订货、进货、集货及相关的验货、结算等一系列活动组成的。存储货物是订货、进货活动的延续。在配送活动中，货物存储有两种表现形态：一种是暂停形态，另一种是储备形态。前者指按照分拣、配货工序要求，在理货场地储存少量货物。后者按照一定时期配送活动要求和货源的到货情况有计划地确定的长期备货形态，它是使配送持续运作的资源保证。

2. 理货

理货是配送的一项重要内容，也是配送区别于一般送货的重要标志。理货包括分拣、配货、分类和包装等经济活动。货物分拣是指从储存的货物中选出用户所需要的货物。分拣货物需要采用适当的方式和手段，一般采取两种方式：一种是摘果式，一种是播种式。摘果式分拣，就好像在果园中摘果子那样去拣选货物。具体做法是：作业人员拉着集货箱（或分拣箱）巡回走动，按照分拣单上所列的品种、规格、数量等信息，将客户所需要的货物拣出并装入集货箱内。在一般情况下，每次拣选只为一个客户配装。播种式分拣，形似于田野中的播种操作那样去拣选货物。具体做法是：将一批客户的订单汇总，以同品种商品为配货单位形成若干拣货单，分拣时先持拣货单从储存仓位上集中取出某商品，将商品按客户的各自需求量分放到对应货位，暂储待运。再按同样的方法去拣取其他商品，直至全部订单配货完毕。

3. 送货

送货是配送活动的核心，也是备货和理货工序的延伸。在农产品物流活动中，送货实际上就是货物的运输。由于配送中的送货需面对众多的客户，并且要多方向运动。因此，在送货过程中，常常进行三种选择：运输方式、运输路线和运输工具。按照配送合理化的要求，必须在全面计划的基础上，制订科学的、距离较短的货运路线，选择经济、迅速、安全的运输方式并选用适宜的运输工具。通常，农产品配送中汽车是主要的运输工具。

项目三
农产品仓储

项目导入

中国部分地区仓储条件差致粮食损耗大

受粮食储存技术落后、设施简陋等因素限制，我国仓储环节造成的粮食损耗数量惊人：广西年损失粮食达 135 万吨左右，相当于 170 万亩的产量；湖南每年因此储存不当造成的损失约 200 万吨。

湖南省常德市汉寿县土壤肥沃，一亩地两季年产稻谷可达 1 吨以上。然而，与高产量并存的却是高损耗。有种植大户反映，因缺少晾晒场地和仓储设备，每年霉掉的和被老鼠吃掉的粮食约占粮食总产量的两成。

广西因地处南方高温高湿地带，粮食储存环境恶劣，虫、霉、鼠害及禽畜取食现象严重，粮食产后损失数量巨大。据统计，广西因储存不当粮食损失率高达 9.7%，高于全国平均水平，年损失粮食达 135 万吨左右，年经济损失 40.5 亿元。

（资料来源：周勉、吴小康，新华网，http://news.xinhuanet.com/local/2013-07/01/c_116346287.htm，2013-07-01）

◆ **启示** 我国每年因仓储不当损失粮食达 2 500 万吨。在我国粮食储存中，农户仍是储粮的主体，是保证国家粮食安全的重要蓄水池。我国农村有 2.4 亿多农户存粮，每年储存量约占全国粮食总产量的 60% 以上。据悉，我国农户粮食储存损失主要是由储粮设施简陋、方法不科学导致的。

知识储备

一、农产品仓储的含义与作用

（一）农产品仓储的含义

“仓”即仓库，为存放、保管、储存物品的建筑物和场地的总称，可以是房屋建筑、洞穴、大型容器或特定的场地等，具有存放和保护物品的功能。“储”即储存、储备，表示收存以备使用，具有收存、保管、交付使用的意思。仓储就是指通过仓库对商品与物品的储存与保管。农产品仓储就是指通过仓库对农产品进行储存和保管的过程。

（二）农产品仓储的作用

1. 时间效用

仓储的目的是消除物品生产与消费在时间上的差异。由于自然条件、作物生长规律等因素的制约，农产品的生产往往具有季节性，而消费者的需求却是长年的、连续的。为使农产品满足消费者的需求，农产品生产经营者利用仓库储存农产品进行时间上的调节，以确保在农产品生产的淡季也能满足消费者的日常需求，这种储备保障了消费需求的及时性需要，创造了明显的时间效用。

2. 空间效用

农产品生产与消费的矛盾主要表现在生产与消费地理上的分离。农产品的生产主要在农村区域，而消费农产品的消费者则遍及全国各个区域。随着交易范围的扩大，农产品生产与消费在空间上的矛盾也逐渐扩大，农产品仓储通过选择靠近人们生活区的位置建立仓库，防止人们购买农产品时出现短缺现象，拉近农产品产地与市场的距离，为人们提供满意的仓储服务，体现出明显的空间效应。

3. 调节供需矛盾

随着社会分工的进一步发展，专业化生产发展逐步深入。生产者将自己的资源集中到生产效率最高的项目上，需要进行商品交易才能满足自己对其他商品的需求。农产品生产者也需要把农产品放到市场上进行交换，这就要求通过农产品仓储来调节生产与消费方式上的矛盾。

4. 实现农产品增值

现代仓库的功能已由保管型向流通型转变，即仓库由原来的储存、保管货物的中心向流通、销售的中心转变。仓库不仅具有仓储、保管货物的设备，而且还增加分袋、配套、捆装、流通加工等设施。通过对农产品进行简单加工，不仅满足客户的多样化需求，方便消费者，也实现了农产品自身价值的增加。

二、农产品仓储的分类

1. 按农产品仓储经营主体划分

农产品自有仓储

农产品自有仓储的目的是为了满足本部门农产品的存储需要。

农产品营业仓储

农产品营业仓储是仓库所有者以其拥有的仓储设施，向社会提供商业性仓储服务的仓储行为。仓储经营者与存货人通过订立仓储合同的方式建立仓储关系，并且依照合同约定提供服务和收取仓储费用。

农产品公共仓储

国家或公共团体为了公共利益而建设的仓库称为“公共仓库”，即为公共事业配套服务的仓库，其主要是对车站和码头的农产品作业和运输流畅起支撑和保障作用。

农产品战略储备仓储

农产品战略储备仓储是国家根据国防安全、社会稳定的需要，对农产品实行战略储备而形成的仓储。战略储备由政府进行控制，通过立法、行政命令的方式进行管理，由执行战略物资储备的政府部门或机构进行运作。战略储备特别重视储备农产品的安全性，且储备时间较长。农产品战略储备主要包括粮食、油料等。

2. 按农产品仓储功能划分

农产品储存仓储

农产品储存仓储是指农产品较长时期存放的仓储。储存仓储一般设在较为偏远但具有较好交通运输条件的地区，存储费用低廉。农产品储存仓储的农产品品种少，存量大。由于农产品储存仓储存期长，储存仓储特别注重两个方面：一是仓储费用尽可能要降低，二是要加强对农产品的质量保管和养护。

农产品物流中心仓储

农产品物流中心仓储是指以物流管理为目的的仓储活动，是为了有效实现物流的空间与时间价值，对物流的过程、数量、方向进行调节和控制的重要环节。一般设置在位于一定经济地区中心、交通便利、储存成本较低的口岸。农产品物流中心仓储基本上都是较大批量进货和进库，一定批量分批出库，整体吞吐能力强，所以对机械化、信息化、自动化水平要求高。

农产品配送仓储

农产品配送仓储也称为“农产品配送中心仓储”，是指农产品在配送交付消费者之前所进行的短期仓储，是农产品在销售或者供生产使用前的最后储存，并进行销售或使用前的简单加工与包装等。农产品配送仓储一般通过选点设置在商品的消费经济区间内，要求能迅速地送达销售地点和消费者。

农产品运输转换仓储

农产品运输转换仓储是指衔接铁路、公路、水路等不同运输方式的仓储，一般设置在不同运输方式的相接处，如港口、车站等库场进行的仓储。它的目的是保证不同运输方式的高效衔接，减少运输工具的装卸和停留时间。农产品运输转换仓储具有大进大出以及存期短的特性，十分注重作业效率和农产品周转率，所以农产品运输转换仓储活动需要高度机械化作业来支撑。

农产品保税仓储

农产品保税仓储是指使用海关核准的保税仓库存放保税农产品的仓储行为。农产品保税仓库一般设置在进出境口岸附近。保税仓库受到海关的直接监控，虽然说农产品也由存货人委托保管，但保管人要对海关负责，入库或者出库单据均需要由海关签署。

三、农产品仓储管理

无论采用什么方式和方法储藏农产品，农产品储存都包括入库前、入库中、入库后的管理。

1. 入库前的准备

对农产品进行合理的采摘，并做好入库前的处理，包括分级、分类、晾晒等，合理安排摆放位置和程序，尽力减少重复运输，避免返回、对流运输；备好仓库、器械，做好仓库的清扫、消毒工作。

2. 入库管理

对入库农产品进行严格检验，挑出劣质农产品，对其进行合理摆放并做好详细记录。

3. 入库后的管理

入库后的管理是农产品储藏质量安全控制的核心环节，要合理地控制温湿度，防止虫、螨、鼠、霉等有害生物的啮食和侵害，防止各种人为的、自然的灾害，如偷盗、水灾、火灾等，定期对农产品质量进行检查，如出现问题尽快解决。

4. 出库时的管理

要对产品种类和质量、车辆卫生状况、出货单据进行严格核准，防止错发、错运或延误时间。

四、农产品仓储保管的方法

1. 传统仓储

传统仓储是劳动人民在长期生产实践中发明创造出来的方法，如堆藏、沟藏、窖藏、通风库等简易储存方式。这类简易储存方式投资少，结构较简单，目前我国蔬菜果品储存中相当大一部分仍采用传统储存方法。

2. 低温储存

低温储存一般可以分为冷冻和冷藏两种方式。前者要将保藏物降温到冰点以下，使水分部分或全部成冻结状态，动物性食品通常用此法。后者无冻结过程，通常降温至微生物和酶活力较小的温度，新鲜果蔬类常用此法。食品变质的原因有多种的，如果把食品进行冷冻加工，食品的生化反应速度大大减慢，使食品可以在较长时间内储存而不变质，这就是低温储存食品的基本原理 。

3. 气调储存

气调储存是在冷藏保鲜的基础上，增加气体成分调节，通过对储存环境中温度、湿度和二氧化碳、氧气、乙烯浓度等条件的控制，抑制果蔬的呼吸作用，延缓其新陈代谢过程，更好地保持果蔬新鲜度和商品性，延长果蔬储存期和销售货架期。

4. 生物保鲜技术储存

生物保鲜技术原理主要有隔离农产品与空气的接触、延缓氧化作用、抑菌或杀菌、调节果蔬生理代谢等。方法主要有涂膜保鲜、天然提取物保鲜、生物酶保鲜、拮抗菌保鲜、微生物菌体次生代谢产物保鲜等。

项目四
农产品物流信息

项目导入

肉菜流通追溯体系试点再添新城

2014 年 8 月 20 日举办的“2014 年全国流通追溯体系建设工作会议”上决定：西藏拉萨、山西晋中、青海海东、贵州铜仁、新疆生产建设兵团石河子市、宁夏吴忠以及山东威海、临沂 8 个城市成为我国第五批肉菜流通追溯体系建设试点城市。

商务部副部长房爱卿在会上表示，下一步商务部将会同有关部门以肉菜、中药材等重要产品为突破口，推进追溯体系建设。他表示，各地要运用好市场化手段，吸引消费者主动选购可追溯产品，增强“可追溯更安全”理念，主动索要购物小票，让可追溯的产品能优质优价，激发企业和经营者自觉使用追溯体系。

据了解，前两批包括上海、重庆、天津、石家庄等在内的 20 个试点城市，已在 6000 多家企业建成追溯体系，初步形成了肉类、蔬菜“来源可查、去向可追、责任可究”的追溯信息链条。

（资料来源：《人民日报》2014－08－21，06 版）

◆ 启示　农业部在农业经营信息化过程中大力推行农产品物流的信息化建设，强调以信息化的手段建立农产品质量可追溯系统。到“十二五”末，我国将争取初步建成覆盖全国的肉类蔬菜流通追溯网络，并逐步扩大到水果、水产品等其他农产品。农产品物流信息就像传递中枢神经信号的神经系统，高效的信息系统是农产品物流系统正常运转的必要条件。

知识储备

一、农产品物流信息的含义

（一）物流信息

物流信息是反映各种物流活动内容的知识、资料、图像、数据和文件的总称，包括进货信息、库存信息和运输信息等。物流信息是在物流活动中产生及使用的信息，是物流活动在内容、形式、过程以及发展变化上的反映。物流与信息关系非常密切，物流从一般活动成为系统活动有赖于信息的作用，如果没有信息，物流则是一个单向的活动。只有靠信息的反馈作用，物流才能成为一个有反馈作用的，包括输入、转换、输出和反馈四大要素的现代系统。

（二）农产品物流信息

农产品物流信息是反映农产品物流活动内容的知识、资料、图像、数据、文件的总称，是农产品物流活动内容、形式、过程以及发展变化的反映。农产品物流信息有狭义与广义之分，狭义的农产品物流信息是指与农产品物流活动（如运输、保管、包装、装卸、流通加工等）有关的信息；广义的农产品物流信息还包括与其他流通活动有关的信息，如农产品交易信息、市场信息等。农产品物流信息具有市场交易、业务控制、工作协调和支持决策的功能。

二、农产品物流信息的特征

1. 信息量大、分布广

农产品物流信息的时间跨度和空间跨度都很大，即物流信息的产生、加工、传播和应用在时间、空间上不一致，方式也不同，导致物流信息量大且分布广泛。

2. 动态性强、时效性高

农产品物流信息处于不断变化的物流运作环境中，动态性极强，物流信息的价值衰减速度快，时效性强。这一特点对物流信息管理的及时性和灵活性提出了很高的要求。

3. 信息种类多

物流信息种类多，表现在不仅农产品物流系统内部各个环节有不同种类的信息，而且由于物流系统与其他系统（如生产系统）密切相关，因而还必须搜集这些物流系统外有关的信息。这一特点使得物流信息的搜集、分类、筛选、统计、研究等工作的难度增加。

4. 农产品物流信息趋于标准化

目前，物流企业间的信息一般都采用 EDI 标准，企业内部物流信息也拥有各自的数据标准。随着信息技术的成熟，农业企业物流信息系统的内外部信息标准可以统一起来，这样不仅简化了企业物流信息系统的开发，而且功能也会更强大。

三、农产品物流信息的分类

1. 按农产品物流信息的作用分类

计划信息

计划信息指尚未实现的但已作为目标确认的一类信息，如农产品物流量计划、仓库作业计划、与农产品物流活动相关的国民经济计划等。这种信息的特点是带有稳定性，信息更新速度较慢。

控制及作业信息

控制及作业信息是农产品物流活动过程中发生的信息，带有很强的动态性，是掌握物流现实活动状况不可缺少的信息，如农产品库存量、在运量、运输工具状况等。

统计信息

统计信息是农产品物流活动结束后针对整个物流活动归总的一种总结性、归纳性信息。虽然新的统计结果不断出现，从总体上来看具有动态性，但是已产生的统计信息都是一个历史性的结论，是恒定不变的。

支持信息

支持信息是能对农产品物流计划、业务、操作产生影响的相关科技、产品、法律、文化、教育等方面的信息。

2. 按农产品物流信息的活动领域分类

按农产品物流各个分系统和不同功能要素分，可以将农产品物流信息分为采购供应信息、仓储信息、运输信息等。

四、农产品物流信息化的主要做法

农产品物流涉及农产品销售、农业生产资料供应、农村消费品供给、农产品出口及农产品质量监测等领域的各种活动。农产品物流信息化是指将现代信息技术应用于农产品物流领域。通过对信息和知识的及时、准确、有效的获取和处理，并准确传递到农产品供应链主体中，进而实现农产品物流专业化、实现农产品物流信息化，加快交易频率和速度，进而有效解决农村商品流通中存在的问题。

农产品进入物流系统后，无时无刻不在信息的作用下流转。先进的物流信息系统既是提高整个系统运行效率的基础条件，也是物流作业子系统之间衔接和配合的桥梁和纽带。物流信息包括物流作业层、控制层、管理层等物流系统内信息和交通运输信息、市场信息、政策信息等系统外信息。

小知识

物流信息技术

物流信息技术是现代信息技术在物流各个作业环节中的综合应用，计算机网络技术的广泛应用使物流信息技术达到了较高的应用水平。根据物流的功能以及特点，物流信息技术包括如计算机技术、网络技术、信息分类编码技术、条码技术、射频识别技术、电子数据交换技术、全球定位系统（GPS）、地理信息系统（GIS）等。

（一）培育新的信息主体，建立高效的农产品物流信息服务体系

近年来，各种民营流通组织如营销大户、经纪人，特别是新兴的第三方物流组织、农

村专业合作经济组织，逐步发展为农产品物流的重要载体和物流信息的新兴主体，拓宽了农产品的销售市场。要切实发挥好农民流通组织在信息收集、传递和反馈等环节的主体作用，有效利用各类农产品流通信息，更好地引导农业产业结构调整，推动农村产业升级。

1. 依托乡镇涉农服务部门，探索新的农业信息服务方式

乡镇农业技术推广站、农机服务站、经营管理站等涉农服务部门，要进行改革，促使其改造成农村信息服务体系中的重要主体，发挥更大的作用。

2. 建立专业信息中介服务组织，强化信息对农产品物流的促进功能

随着农产品物流对信息主体要求的不断提高，建立专业的信息中介服务组织势在必行。要大力发展提供信息商品和信息服务的各类经营实体、中介组织、咨询公司等。

3. 引导用户信息反馈，形成有效的反馈机制

要针对不同类型的农产品信息，采取不同的手段进行收集、加工和传递，促进信息的双向流动。信息处理机构不仅要及时将农产品物流的信息传递给农业生产者，同时还要将农民和项目、品种、数量以及效益等情况通过有效的途径反馈给农产品批发商、经销商，建立有效的反馈机制。农户也要积极参与信息反馈，提高维权意识，防止虚假信息的扩散，促进信息服务组织改进农产品信息工作。

（二）构筑多层次的农产品物流信息源

农产品市场建设的目标是：建立以批发市场为核心、农村集贸市场和期货市场共同发展的农产品市场体系。针对此目标应该做到以下几点：

1. 继续推进农产品批发市场建设

重点在蔬菜、水果、肉类、禽蛋、水产品、花卉、土特产品等鲜活农产品集中产区，改、扩建一批集散功能强、辐射范围广的农产品产地批发市场，完善配套设施，建设质量安全检测网络，健全服务功能。

2. 切实规范农村集贸市场管理

农村集贸市场能反映鲜活农产品的价格和供求信息，具有区域小、变化快、时效强等特点，这类信息最贴近老百姓的生活，信息的需求方也主要是消费者和直接生产者。因此，政府有关部门和新闻单位，可以在某些有代表性的市场设立固定信息点，进行采集、整理，通过媒体流动发布。

3. 大力发展期货市场等现代交易形式

期货市场与集贸市场和批发市场现货交易不同，它在交易形态上将逐渐被电子信息系统所取代，一些集散化的大型农产品交易市场将应运而生。

（三）加强网络技术对农产品物流信息系统的支撑作用

1. 广泛宣传网络经济

目前，真正认识农村网络经济重要性的人还不多，政府应加大在这方面的宣传和资金投入。各级政府和新闻媒体要开展对网络经济的宣传，总结推广利用网络等信息技术搞活农产品并获得较好效益的典型，报刊、电台、电视台应开设网络经济教育专栏，农村职业中学等要增加网络知识课程，使广大农民真正成为网络经济的受益者。

2. 抓住网络基础设施建设的重点

当前主要是发展宽带业务、扩大信息到户和网络资源共享。加快网络硬件基础建设，改变目前信息“高速公路”塞车状况，发展和普及宽带服务，不断推动网络延伸，连接乡村到农户的“最后一公里”。当前应解决终端入户难的问题，发展网络间的互联互通，实现资源共享，打破农产品流通信息来源有限、存储不够、信息流不畅的局面。要努力推进多网合用，将邮电网、有线电视网、金融系统网等资源整合，使有限设施得到最大化利用。

3. 推进信息主体上网工程

各级政府部门特别是经济部门，要将有关农产品信息最大限度地向社会公开，并积极推进以农产品经纪人、信息中介组织和农业产业化经营龙头企业等为代表的信息主体上网工程，以拓宽农产品销售的信息渠道，节约流通成本。

4. 建立农产品物流动态信息数据库

农产品物流信息具有动态性、连续性的特点，这些绵延不断的信息流对现在和将来的农产品物流都有很大的影响。要借助计算机系统将农产品流通信息储存下来，建立农产品流通动态信息数据库，实现农产品流通信息的采集、加工、传输、反馈的现代化。要改进数据库的管理，抓好农产品流通信息数据库标准化建设，降低信息商品和数据库服务的销售价格，从而吸引更多农民成为信息的消费者。

（四）树立信息商品意识，推进农产品流通信息产业化

1. 确立信息商品意识

改变人们的思想观念，提高信息供给方和需求方的素质，强化信息作为商品的意识，实行有偿服务，为信息交易活动奠定思想基础并逐渐步入健康轨道。

2. 积极培育农产品物流信息市场

信息交易具有很强的专业性，要建立一整套与信息商品交易相配套的制度，如委托代理制度、合同制度、信息保密制度等，特别是有关信息采集、传输、反馈等信息服务方面的交易规则，以确保信息交易有章可循。

3. 逐步推进农产品物流信息的产业化

以商品信息、供求信息和市场环境信息等为重点，在农业信息资源的开发利用、农业信息化技术的推广、农业生产流通和管理系统的信息化以及农业信息化服务体系等方面，采取切实措施予以大力推进。

（五）多渠道加大投入力度，加快信息配套基础设施建设

1. 加快农村交通设施建设

要在公路、铁路、机场、港口等交通状况明显改善的同时，着力加快乡村道路建设，实施“村村通公路工程”，提高通达率和道路等级。

2. 进一步发挥广播、电视的作用

进一步提高广播、电视的质量和作为农产品流通信息载体的利用率。合理安排农产品信息节目的播出时间，增加农产品方面的信息量。

3. 提高农村电信设施建设水平

要加速改变目前我国农村的电信基础设施薄弱、通信费用居高不下的现状，大力发展农村电信事业，降低电信收费标准。有关信息服务部门要开通农业信息咨询电话，方便农民了解各类有关农产品的信息。

（六）发挥政府服务功能，营造加速农产品流通的良好环境

1. 科学制定规划

农产品物流信息化是一项涉及多行业、多部门的综合性基础工作，必须调动多方面的积极性，协调一致，形成合力。各级政府要根据农产品物流信息化建设的要求，制定科学合理的规划，明确建设方向、目标、重点，并具体落实到相应部门。

2. 培训物流信息人才

着力抓好专业人才培养和广大农民素质提高两个方面。通过多种形式的培训，提高信息服务和管理人员的信息质量意识、信息商品意识、信息产业意识，加快建立一支能扎根农村、服务农民的信息人才队伍，全面提高农村信息服务水平和质量。选择有一定知识的青年农民进行电脑知识培训，在农村职业中学开设计算机课，提高广大农民的科技素质。

3. 加强法制建设

要在深入调查研究的基础上，逐步建立健全农产品物流信息方面的法律法规，调整规范物流环节和主体的经济行为。农村基层政府要切实履行依法管理的职能，运用法律手段实施对农产品物流信息系统的控制，以达到促进农产品流通的目的，为农业、农村经济的发展和农民增收提供更加周到、全面的服务。

随着新的农产品物流组织的出现和现代信息技术的发展，农产品物流的竞争主体开始转移到物流企业间，特别是第三方物流企业间。而物流组织对信息的处理能力和管理能力决定着整个供应链对市场的反应能力和对顾客提供高效率、高水平服务的能力。因此，近年来西方发达国家物流企业的核心竞争力已经不仅仅是用多么先进的运输设备和自动化的仓库，更重要的是对顾客的响应能力。这种响应能力恰恰是建立在对现代信息技术广泛应用的基础上，这也是我国农产品物流信息企业的发展方向。

能力转化

◆简答题

1. 简述农产品包装的要求。
2. 简述农产品流通加工的作用。
3. 简述农产品运输的方式及特点。
4. 怎样提高农产品物流信息化水平？

◆实践题

分成若干小组，以“菜贱伤农，菜贵伤民”为主题，借助网络、报纸、杂志等媒体，分析探究物流因素对菜价的影响。上交分析结果，并在全班进行交流、讨论。

单元三

农产品物流系统

一、认识农产品物流系统

二、农产品物流系统建设

农村经济

【学习目标】

1. 掌握农产品物流系统的要素
2. 理解我国农产品物流的特点
3. 了解我国农产品物流系统建设的目标
4. 了解评价农产品物流系统有效性的指标体系

项目一
认识农产品物流系统

项目导入

荷兰的农产品物流系统

荷兰位于欧洲的中心地区，具有先天优势的地理位置使其成为欧洲的农产品物流枢纽。旺盛的农产品物流需求促使荷兰建立了高效先进的农产品物流系统。

第一，荷兰建立了很多专业的农产品物流中心。荷兰有很多分工不同的专业农产品物流中心，如专门从事进出口可可豆的阿姆斯特丹港，经营水果批发的弗拉辛港，经营鱼、肉等冷冻食品的埃姆斯哈芬港和经营水产品的埃姆伊敦港等。这些专业的物流中心一般建在靠近种植区或农产品交易市场的附近，以方便在收到农产品后根据交易的具体要求，对农产品进行分类、加工、包装以及储存配送。如鹿特丹靠近水果等农作物种植区，港区四周高速公路纵横交错，水路运输也非常发达，因此顺利成为荷兰水果物流中心；阿姆斯特丹—斯希波尔机场靠近荷兰的花卉种植基地和进出口中心阿尔斯梅尔，则成为花卉物流中心。

第二，荷兰拥有成熟的冷冻行业。荷兰的冷冻储运业非常发达，人均制冷和冷冻容积量居世界第一，农产品行业中大多数公司都具有现代化的制冷技术设备，能够保证高质量的农产品物流。

第三，荷兰建立了先进的电子虚拟农产品物流供应链。荷兰通过网络连接农业的生产资料供应商、生产商、种植业主、批发商、零售商，形成了农业供应链，并建立了花卉和园艺中心的电子信息订货系统。电子化农业产品交易市场可以向全球的广大客户和消费者提供服务。

（资料来源：陶倩、王旦：发达国家农产品物流系统的建设与经验，《运输经济世界》，2011－05）

◆ 启示　从荷兰的农产品物流系统可看出，农产品物流首先具有专业化特点，水果、花卉、水产、肉类等专业的物流中心相比综合类的物流中心更能节约资源和提升效率。其次，先进的冷链是保障农产品物流质量不可缺少的基础，绝大多数农产品都是鲜活货物，需要温度控制的环境才能保证品质。最后，运用信息化的网络手段建立虚拟的农产品物流供应链，以协调农业生产资料供应商、生产商、种植业主、批发商、零售商等各个环节的信息。

知识储备

现代物流是一个复杂而巨大的系统工程，它强调物流的总体性和综合性。与工业物流和商业物流相比，由于农产品具有大众生产、大众消费的市场特征，其物流主体间相互选择的余地很大，容易产生较多的交易费用，同时农产品易腐烂的鲜活特性要求物流时间尽量缩短。因此，从宏观的角度建立高效的农产品物流体系至关重要。

一、农产品物流系统的基本要素

农产品物流体系是指与农产品物流相关的各个要素相互作用、相互联系构成的有机整体。具体来说，农产品物流体系的要素可以分为一般要素、功能要素、支撑要素和物质基础要素。

1. 一般要素

劳动者要素

它是现代物流系统的核心要素、第一要素。提高农产品物流主体劳动者的素质，是建立一个合理化的现代农产品物流系统并使其有效运转的根本。

资金要素

交换是以货币为媒介的。实现交换的现代农产品物流过程，实际也是资金运动过程。同时，农产品物流服务本身也是需要以货币为媒介，现代农产品物流系统建设是资本投入的一大领域，离开资金这一要素，现代农产品物流不可能实现。

物的要素

物的要素包括农产品物流系统的劳动对象，即各种实物。现代农产品物流的物的要素还包括物流设施、物流装备、物流工具、信息设施等硬件。

2. 功能要素

农产品物流系统的功能要素是现代物流系统所具有的基本能力，这些基本能力有效地组合、联结在一起，组成现代物流的总功能，便能合理、有效地实现物流系统的总目的。

从农产品物流活动的实际工作环节来考察，一般认为现代农产品物流系统的功能要素有采购、运输、储存保管、包装、装卸搬运、流通加工、配送、物流信息等。

采购功能要素

为做到低成本、高效率地为农产品生产经营企业进行物流服务，采购功能在农产品经营企业中越来越重要。采购的功能是：选择企业各部门所需要的适当物流，从适当的来源，以适当的价格、适当的送货方式（包括实践和地点）获取适当数量的这些原材料。

包装功能要素

包括农产品的成品、半成品包装，生产过程中制品的包装以及在物流过程中换装、分装、再包装等活动。

装卸功能要素

包括对农产品输送、保管、包装、流通加工等物流活动进行衔接，以及在保管等活动中进行农产品检验、养护所进行的装卸活动。伴随装卸活动的小搬运一般也归入在这一活动中。

运输功能要素

农产品运输是运用设备和工具，实现农产品由其生产地至消费地的空间转移。包括供应及销售物流中的车、船、飞机等运输方式以及生产物流中传送带等方式的运送。

储存保管功能要素

包括堆存、保管、保养、维护等活动，主要是对农产品数量、质量进行管理控制的活动。其目的是为克服农产品生产与消费在时间上的差异。

流通加工功能要素

又称“流通过程的辅助加工活动”。这种加工活动是因农产品销售企业等部门为了弥补生产过程中加工程度的不足，更有效地满足用户或本企业的需求，更好地衔接产需，往往需要进行诸如分类、切割等加工活动。

农产品的流通加工主要包括冷冻产品、分选农副产品、分装农产品、精制农产食品等。

配送功能要素

农产品配送作为一种现代农产品流通方式，是指在经济合理区域内，根据顾客的要求，对农产品进行拣选、加工、包装等作业，并按时送达指定地点的农产品物流活动。农产品配送不是单纯的农产品运输，而是运输与其他活动共同构成的组合体，而且配送所包含的运输，在整个食品运送过程中处于“二次运输”“末端运输”的地位，更直接地面向并靠近用户。

3. 制度要素

在复杂的社会经济系统中，由于农产品物流的特殊性，现代农产品物流系统的建立需要有许多制度、法律等支撑手段。

体制、制度

农产品物流系统的体制、制度决定农产品物流系统的结构、组织、领导、管理方式，国家对其控制、指挥和管理方式是现代物流系统的重要保障。有了这个支撑条件，才能确立现代农产品物流系统在国民经济中的地位.

法律、规章

现代农产品物流系统的运行，都不可避免地涉及企业及人的权益问题，法律、规章一方面限制和规范物流系统的活动，使农产品物流与社会经济系统或其他物流系统协调，另一方面是给予保障，合同的执行、权益的划分、责任的确定等都靠法律、规章来维系。

行政、命令

现代农产品物流系统和一般系统的不同之处在于，现代物流系统关系到国家经济命脉、政治安全等，所以行政、命令等手段也常常是现代农产品物流系统正常运转的重要支撑要素。

标准化系统

标准化系统是保证农产品物流环节协调运行，保证现代农产品物流系统与其他系统在技术上实现联结的重要支撑条件。

小知识

日本农产品物流体系建设的经验措施

1. 建设和完善农产品保鲜物流基础设施　一是政府建设了发达的交通运输网络，日本的铁路、公路、水运、航空货运等十分发达，为农产品物流奠定了良好的基础。二是构建完整的农产品物流网，鲜活农产品采后有预冷、整理、储藏、冷冻、运输等规范配套的供应链一体化协调运作的流通方式，产后的商品化处理几乎达到100%，提高了鲜活农产品的附加值。三是以加工食品为中心的POS（Point of Sale）系统，提高了鲜活农产品流通的信息化程度。四是政府对农产品保鲜物流体系研究提供资金支持。

2. 农业协同组合（简称“农协”）发挥积极作用　一是参与建设基础设施。日本各大中小城市都有由农协直接参加或组织的农产品批发市场，且相当活跃。为了提高效率，农协建立了一批挑选、加工、包装厂以及预冷库、冷藏库、运输中心等，并在全国大中城市的74个中央批发市场中建立了分支机构。二是组织销售。农协利用自己的组织系统，拥有保鲜、加工、包装、运输、信息网络等现代化的优势，将农民生产的农产品集中起来，进行统一销售。三是农协系统下设众多运输组织，保证了农产品以高保鲜度迅速运到批发市场。

3. 建立健全法律法规体系，强化行政管理　在农产品物流上大力加强法制建设，建立了完善的法律、法规体系，相继出台了《农业协同组合法》《批发市场法》《农业基本法》《粮食管理法》《反垄断竞争确保公平交易法》等一系列的法律法规。明确规定农业行政管理部门专门负责农产品的生产管理、产后加工、安全卫生、上市运销、零售消费等生产和流通环节的行政管理。

（资料来源：屈靖：日本农产品保鲜物流体系建设经验及对我国的启示，《广西经济》，2012-01）

4. 物质基础要素

现代农产品物流系统的建立和运行，需要有大量技术装备手段，这些手段的有机联系对现代物流系统的运行有决定意义。这些要素对实现农产品物流和某一方面的功能也是必不可少的。主要有：

物流设施

物流设施是组织现代农产品物流系统运行的基础物质条件，包括物流站、场，物流中心、仓库，物流公路、铁路、港口等。

物流装备

物流装备是保证现代农产品物流系统开动的条件，包括仓库货架、进出库设备、加工设备、运输设备、装卸机械等。

物流工具

物流工具是现代农产品物流体系内运行的各种物质条件，包括包装工具、维护保养工具、办公设备等。

信息技术及网络

信息技术及网络是掌握和传递农产品物流信息的手段，根据所需信息水平不同，包括通信设备及线路、传真设备、计算机及网络设备等。

组织及管理

组织及管理是农产品物流网络的“软件”，起着联结、调运、运筹、协调、指挥其他各要素以保障农产品物流系统运行的作用。

二、农产品物流系统的特征

1. 农产品物流系统是一个多目标的系统

农产品物流系统的总目标是实现农产品在空间位置上的高效转移。围绕这个总目标会出现很多的目标，如物流数量要达到合适的规模、物流时间要最短、物流服务要最好、物流成本要最低等。

2. 农产品物流系统是一个大跨度的系统

这主要是指地域跨度大，因为很多农产品的配送往往要跨区域进行。大跨度系统带来的主要问题是管理难度大，对信息的依赖程度高。

3. 农产品物流系统是一个动态系统

一方面，生鲜农产品物流系统往往由多个运作主体构成，系统内的要素及系统的运行经常发生变化，难以长期稳定。另一方面，农产品物流受季节影响很强，不同季节对物流系统要求的差异很大，这也使物流系统的运行比较难以稳定。动态性强要求系统必须有足够的灵活性与可改变性。

4. 农产品物流系统的功能要素之间存在效益背离现象

主要指物流系统中某一个功能要素效率的提高并不一定使整个系统的效率提高，有时甚至使整个系统的效率降低。如物流系统的运输效率提高，但物流信息服务滞后，那么盲目的高效率运输反而会使产品大量积压，造成损失。效益背离现象要求我们必须从系统的角度去看待物流，使物流的各个环节相互协调，达到整体的效率最大。

小知识

现代物流追求的目标——“7R”

- 适当的质量（Right Quality）
- 适当的数量（Right Quantity）
- 适当的时间（Right Time）
- 适当的地点（Right Place）
- 适当的产品（Right Product）
- 适当的条件（Right Condition）
- 适当的成本（Right Cost）

三、农产品物流系统的目标

构建农产品物流系统的目的是“追求以最低的物流成本向客户提供优质的物流服务”，在原则上具体表现为“7R”。农产品物流的目标，就是要把农产品物流的各个环节（子系统）联系起来作为一个系统进行整体设计和管理，以最佳的结构、最好的配合，充分发挥其系统功能、效率，实现整体物流合理化。具体目标有：

1. 服务目标

现代农产品物流系统起着桥梁、纽带的作用，是农产品流通系统的一部分，具体联结着农业生产与再生产、生产与消费，因此要求有很强的服务性。在为客户服务方面要求做到无缺货、无货损、无货差等现象，且费用低廉。在技术方面，近年出现的“准时供货方式”“柔性供货方式”等，也是其服务性的表现。

2. 快速、及时目标

及时性不但是服务性的延伸，也是农产品流通对物流提出的要求。快速、及时既是一个传统目标，更是一个现代目标。随着社会大生产的发展，这一要求更加强烈了。为此采取的诸如直达物流、联合运输等管理和技术，把物流设施建在供给地区附近，合理利用有效的运输工具和合理配送计划等手段，都是快捷目标的体现。

3. 节约目标

节约是经济可持续发展的基本要求，我国土地资源日趋紧张，费用也不断上涨，特别是对城市市区面积的有效利用必须加以充分考虑。应逐步发展立体化设施和物流机械，求得空间的有效利用。

4. 规模化目标

农产品生产领域的规模化效应是早已为社会所承认的。由于农产品物流系统比农产品生产系统的稳定性差，因而难以形成标准的规模化形式。在农产品物流系统中，考虑物流设施集中与分散是否适当，机械化与自动化程度如何合理利用，信息系统的集成化所要求的设备的使用等，都是规模化的体现。

5. 库存调节目标

库存调节目标也是服务性的延伸。农产品库存过多势必需要更多的保管场所，而且会产生农产品腐烂、变质、过期等，造成浪费。因此要按照生产与流通的需求变化以及农产品的特性，对农产品库存进行控制。如正确确定农产品的库存方式、库存数量、库存结构、库存分布就是这一目标的体现。

四、农产品物流系统的结构

农产品物流系统的产业结构要素有三个主要的组成部分：一是物流平台，二是物流运作企业，三是物流结算平台。

物流平台

包括物流设施平台、物流信息平台、物流政策平台等几部分，物流平台的实体又可以归纳成线路、结点两部分。从区域规划的角度讲，物流线路指公路、铁路、航空线、航海线等物流通道，物流结点指区域物流枢纽、区域物流中心等。

物流运作企业

是微观物流运作的主体，在支撑平台上运作，是使整个物流系统运动起来的主导力量。

物流结算平台

是指产地、交换、仓储、运输、装卸、包装等环节中成本支出、资金结算的全过程。

项目二 农产品物流系统建设

项目导入

加快物流体系建设　降低农产品物流成本

据统计，2013 年第一周，国内 28 种蔬菜中 27 种价格上涨，周均价每千克为 4.17 元，环比涨 4.5%，为连续第十周上涨，累计涨幅 55%。中投顾问农林牧渔业研究员郑宇洁指出，近期蔬菜价格出现大幅上涨态势，有节日消费拉动、低温天气影响以及蔬菜种植成本上升等因素的影响，然而我国物流体系不健全，物流环节多、速度慢、成本高、效率低一直是制约我国经济发展的顽疾之一。蔬菜价格的持续上涨其助推作用不可小觑。

物流体系的不健全导致运输成本的大幅上升，而鲜活农产品易腐烂、易受冻、储藏难的特点更致使其价格容易发生较大幅度的波动，尤其是在冬季低温天气的影响下，道路运输困难加剧，极易造成阶段性、区域性鲜活农产品供应偏紧、价格上涨的局面。受物流局限，一方面，农民辛苦种植的农产品难以出售；另一方面，城市居民普遍感受到菜价上涨带来的生活成本、压力的上升，加快我国物流体系建设势在必行。

加快鲜活农产品物流体系建设要有全局观念，系统规划。鲜活农产品物流体系建设不仅需要关注流通中的某一个环节，更要从整个产业链着手，体现整体规划的战略思想。在农产品流通、信息服务、加工转化、收储调节、流通追溯等方面均要有所作为。构建完善的流通体系，需要政府发挥积极的引导作用，在资金、政策、整体布局方面给予有益的指导。

加快鲜活农产品物流体系建设要找准着力点，结合我国实际情况。我国鲜活农产品电子信息物流体系起步晚、冷链物流设施较为滞后。政府及相关部门应该加强物流标准和信息化工作，促进物流各环节的高效衔接，大力培养物流专业人才，促进物流信息化建设。加快冷链基础设施投入，建设先进的仓储、冷藏运输设施建设。

（资料来源：中财网，http://www.cfi.net.cn/p20130109000682.html，2013－01－09）

◆ 启示　我国农产品生产和流通的特点是两头小、中间大。所谓两头小，是指生产领域生产规模小，生产主体以一家一户的农户为主；流通领域经营主体规模小，特别是零售终端，经营主体基本是千军万马的小商贩。所谓中间大是指农产品基本是“卖全国、买全国”，要通过大规模、跨区域、长距离调运。物流体系的不健全导致运输成本大幅上升，如何加快我国农产品物流体系建设是一个非常重要的问题。

知识储备

一、农产品物流组织体系建设

在我国现阶段基本上形成了以农产品批发市场为主、以城乡集贸市场为辅的流通组织模式。其外延不断扩大，向上游联系种植、养殖、加工、检疫、运输等环节，向下游联系配送、零售、消费等环节，构成了一个完整的产业链。但我国多数农户的生产经营是单户经营的形式，农产品的销售多为分散方式，农产品的大流通、大市场、大公司体系尚未形成。

1. 我国农产品物流渠道

我国农产品物流渠道主要有以下几种形式（表 3－1）：

表 3－1　我国农产品物流渠道的主要形式

主要形式	详细描述
农户或基地—运销大户	运销大户建立与批发商稳定的购销业务关系，也有一些运销户在全国各大城市的农副产品批发市场直接设立窗口。这种农产品物流方式在我国农产品流通中占有较大的比例
农户—客商	这一物流方式也较为普遍，如大型连锁超市、农贸市场的批发商等在农产品收获时直接到农户田头收购
农户或基地—加工企业	这种方式是农产品加工企业将自己基地的初级农产品和从农户手中收购来的农产品经过加工后或直接出口，或出厂销售给批发商，或设立窗口直接零售到消费者手中
农户或基地—农民专业合作社	农民专业合作社将社员和基地上的农产品收购来，或销售给与自己有业务关系的批发商，或将农产品运往自己在外地设立的批发窗口、零售窗口进行批发或零售
农户或基地—农民专业合作社—加工企业—出口	这一物流形式由农民专业合作社作为流通的中介组织发挥作用。他们接受农业加工企业由于出口需要的委托，或发动本社社员，或自办生产基地，种植某种出口加工企业指定的农产品，然后按加工企业要求制定生产操作规程，生产出符合出口企业要求的农产品，提供给加工企业，加工企业按出口要求进行加工，然后外贸出口

2. 我国农产品物流主体

一方面，各个供应链环节都有各自不同的主体。生产主体在我国主要以分散经营的农户为主，但一些经济发达地区也有一些规模经营的农户联合体；中间代理环节的主体比较多样化，既有各种类型的合作组织（包括政府主导和自发组织的各种专业协会），也有各种不同规模的私营收购代理公司；产地批发商和销地批发商主体主要是以各种农产品批发市场为核心的购销商群体；目前我国农产品零售商的情况最复杂，包括各种农贸市场、规模大小不一的超市及综合性的零售店和地摊销售等。另一方面，从物流整体来看，农产品物流的主体包括自营主体、第三方物流主体。第一方物流虽然将有很大发展，但自营物流仍占主导地位，专业运输公司、专业仓储公司等比较匮乏。此外，现阶段较为盛行的农业行业协会组织仍然不健全，农产品加工企业数量少、规模小，农产品吞吐能力较低，且缺乏必要的物流知识和收集加工信息的能力，起不到行业规范和自律的作用。

农产品物流主体繁多且分散，对农产品的采购、运输、加工、仓储、包装、配送远没有形成规范的管理和控制机制，使农产品在生产物流、供应物流、销售物流方面次序混乱，造成了我国农产品物流组织专业化、社会化程度低，服务质量满足不了市场需求。

二、农产品物流标准体系建设

1. 农产品物流标准体系

农产品物流标准体系是指农产品物流领域的标准按其内在联系形成的科学有机整体，是对农产品物流领域中重复性事物和概念所做的统一的规定，其目标是通过采用标准化的生产、加工、流通方式，实现农产品的安全、高效流通，以促进农产品公平性贸易，是该体系中的核心元素。农产品物流标准体系的实施涉及农产品及其加工制品从供应地向接受地的实体流动过程中的运输、储存、装卸、搬运、包装、流通加工、配送、信息处理等活动以及物流技术和物流过程中的诸要素管理等标准。

农产品物流标准的实施对象

- 农产品、物流方面的技术术语、标志、符号、代号；
- 农产品物流的环境条件、技术和管理技术的一般要求；
- 农产品的运输、储存、装卸、搬运、包装、流通加工、配送、信息处理及技术、信息、服务等的具体要求。

2. 农产品物流标准化的特性

（1）物流的复杂系统决定了管理上的复杂性；

（2）从局部系统寻找共同的基点，形成物流标准化的核心；

（3）系统的统一性、一致性和系统内部各环节的有机联系是系统能否生存的首要条件；

（4）覆盖面广，可操作性强，修订周期短；

（5）标准的制订和实施以企业为主体，政府的主要职责是协调引导；

（6）物流的国际性更加突出。

3. 我国物流标准化的现状

规范化和标准化是农产品物流现代化的关键和基础，是现代市场流通系统发展的必要条件。从世界范围来看，很多国家为了保护本国农民和消费者的利益都会根据自身的市场特点建立本国的规格标准，并以此影响国际标准，使自己取得国际贸易的有利地位。目前，我国农产品流通业标准化工作刚刚起步，主要存在以下不足：

（1）交通运输和仓储的设施、设备、器具缺乏统一的标准规范；

（2）物流标识混乱，缺乏标准规范；

（3）流通业电子数据缺乏统一标准，物流信息不对称；

（4）商品条码未能全面普及应用；

（5）相当一部分农产品缺乏标准，特别是质量等级标准。

农产品物流标准体系建设的建议

现代农产品物流系统标准化建设应着重于农产品物流的独特性方面，物流标准的实施应坚持统筹规划、循序渐进的原则，在把握好发展方向的前提下，可以在某些发展较快的行业、地区甚至企业先期进行设计、推广和实施。如在信息技术标准化方面，目前国际上通行的信息标准化技术是条形码技术、EDI技术。应率先在发展较快的地区以及新建的超市、产品配送中心推广条形码技术、EDI技术，然后再逐步向农产品供应链的全过程推广。有一些物流标准必须强制统一实施，如生鲜农产品的检验检疫标准须在各地区、各行业强制统一实施。可以在沿海发达地区强化严格的检验检疫标准，建立农产品身份证制度、责任可追溯制度。

三、农产品物流政策体系建设

农产品物流政策体系就是在政府意志及物流规则下，制定有利于发展现代物流的政策法规。我国现行的物流政策基本上可以分为两大体系、两个层次。所谓两大体系即法律类政策和行政类政策；两个层次是指全国性政策和地方性政策。我国的物流产业正处于发展初期，专门性、综合性的法律、法规较少，指导物流产业发展的法规主要是按行业划分的法律、法规。从现代高效农产品物流体系建设要求看，我国农产品物流体制建设还存在以下问题：

1. 缺乏市场经济和国际视野

我国目前施行的农产品物流政策和法律法规中，很多内容是从传统计划经济体制环境下延续下来的，市场经济原则的体现和贯彻不够充分，缺乏全球化、国际化背景的考虑。如我国开放物流市场，允许外资物流企业进入与国内物流企业展开竞争，但在税收政策方面外资企业却享有超国民待遇；中小民间物流企业在融资信贷、国家和地方标准等方面所遇到的一系列政策问题都还没有得到妥善解决。建立一个专业性强、有前瞻性的体现社会主义市场经济要求和现代物流特性的政策法规体系势在必行。

2. 物流政策法规缺乏系统性

现代农产品物流是跨部门、跨地区、跨行业的复合型产业，与社会经济生活的很多层面都有不同程度的关联。我国农产品物流的发展涉及国家发改、商务、交通、铁道、民航、邮政、海关、质检、公安、信息等政府相关部门。各部门表面上是齐抓共管，实际上往往从各自利益出发，各行其是，政出多门，造成条块分割严重，现行农产品物流政策法规基本属于原生状态，缺乏统筹规划和整体协调，缺乏物流业发展所要求的系统性和专业性，甚至出现职能重复、政策冲突，使执行机关和物流企业无所适从，难以认识和把握物流政策的精髓，难以整合物流各环节和各功能之间的关系，不利于形成产业优势推动我国现代物流的发展，最终也影响了政策法规的权威性。

3. 物流政策法规可操作性不强

我国传统的物流政策法规在技术上普遍缺乏对物流实践的具体指导和协调作用。宏观调控能力和微观约束能力不足，直接具有操作性的物流法规层次较低。法律效力不大。目前，我国尚无具有直接可操作性的现代农产品物流综合性政策法规，各部委或地方多以“办法”“意见”“通知”等形式颁布一些促进农产品物流发展的规范性文件，缺乏法律强制效力，只适合作为司法审判的参照性依据，在具体运用中缺乏可操作性，不利于调整各物流主体之间的相互关系，不利于对物流主体行为进行引导与制约。一些传统的运输类、仓储类法规由于受到部门分割影响，无法体现现代物流“一体化、大流通”的特点，在实践中经常无法操作。

4. 存在发展现代物流的“政策真空”

现代物流形成集运输、仓储、装卸搬运、包装、流通加工、配送、物流信息等在内的多功能、一体化的综合服务。但是，我国现有的一些农产品物流政策法规无法对物流活动进行有效规范。如第三方物流运营商因不同物流环节的业务性质，可以作为代理人、承运人、仓储经营人、批发商等，从而具有不同的法律身份，法律关系种类繁多，甚至性质迥异。这些法律在责任构成、责任形式、责任范围、诉讼时效、诉讼管辖、举证责任等方面均有一定差异，会使第三方物流运营人产生不同的法律风险，承担不同的法律后果。

四、农产品物流技术运用

1. 冷链保鲜技术

冷链物流是一项系统工程，指冷藏冷冻类农产品在生产、储藏运输、销售到消费前的各个环节始终处于规定的低温环境，以保证食品质量，减少食品损耗。它是以冷冻工艺学为基础、以制冷技术为手段的低温物流过程。冷链物流技术的适用范围主要包括：蔬菜等在内的初级农产品、速冻食品等在内的加工食品以及特殊商品。当前我国农产品冷链物流设施和装备所占的比例较低，常常使农产品丰收后因不能及时运输和冷藏仓储不健全，导致鲜活农产品腐烂变质，产区农户损失巨大。

2. 物流信息技术

物流信息技术主要包括信息标准化技术、信息编码技术、信息标识技术、信息传输技术、信息处理技术、信息跟踪技术等。物流信息化是指利用先进的信息技术整合物流业务流程，使物流运作向着规模化、网络化运作的方向发展。

物流信息技术在农产品物流中的应用可以起到两方面的作用。第一，使市场价格的信息、消费者反馈的信息及时传递到生产者，从而减少生产者的盲目生产、过度竞争，减轻生产者的市场风险，从容应对农产品物流中所发生的异常事件。第二，加强物流系统各环节之间的联系。有效的信息共享可以避免各个环节效益背反现象的大量出现，从而促进系统整体效率和竞争力的提高，使物流领域的各参与方受益。

农产品物流信息平台的功能

- 动态反映农产品生产的布局；
- 促使农产品生产、流通信息的有效共享；
- 对农产品物流中的异常事件能做出迅速反应；
- 对各阶段的农产品进行有效追踪。

相比发达国家，我国农产品物流信息化水平很低，一方面物流信息的基础设施和网络建设薄弱、物流信息技术应用水平低，农产品信息无法在农产品物流体系的各成员间实现有效共享，如大多数批发市场没有专门的信息网络平台，即使建有信息系统，信息网络也不健全，缺乏连续的信息。另外，物流运作主体应用信息能力低。信息的有限性使运销业主与产地农民获得农产品供求与价格的信息不对称，导致产销地价格差距大。

五、农产品物流人才培养

对于农产品物流而言，由于农产品的特殊性，对物流行业从业人员的素质、水平、服务要求很高。人才缺乏是我国农产品物流发展的最大制约因素。现代农产品物流是与信息技术的发展和现代物流技术的创新相伴而行的，迫切需要适应农产品物流要求的经营和管理的专门人才，而目前这方面的人才是最缺的。因此，应针对农产品物流管理的交叉性、实践性和成长性的学科特点，从社会与企业的需求出发，明确物流管理人才的培养目标定位，在尽可能多的高等院校和职业学校设置物流管理专业，并为工商管理及相关专业的学生开设物流课程。或者全面开展物流在职教育，推广物流的职业资格认证制度，如仓储工程师、配送工程师等若干职位。所有物流从业人员必须接受职业教育，经过考试获得上述工程师资格后，才能从事有关的物流工作，解决农产品物流人才缺乏的问题，只能靠政府的教育制度来解决。

小资料

第二届“中美物流教育与研究合作”论坛举行

由北京物资学院、美国运输与物流协会联合主办、中美物流教育与研究中心承办的第二届中美物流教育与研究合作论坛于2014年6月12日举行。论坛以“产学结合、校企合作培养国际化物流人才”为主题。

此次论坛通过国内外产学研各界人士的集思广益，致力于物流教学理念、方法、模式的不断改革创新。中美两国的行业知名学者发表了以中美两国物流教育校企合作的开展情况、国际化物流与供应链专业人才培养、电子商务及物流人才培养、物流业发展趋势和面临的挑战等为主题的演讲及高端会谈。

（资料来源：龚鑫，《光明日报》，2014-07-03）

六、农产品物流系统评价指标体系

通过建立一套完整的评价指标体系，衡量农产品物流系统实际的运行状况，有助于对农产品物流系统进行合理的规划和有效的控制，有助于准确反映农产品物流系统的合理化状况和评价改善的潜力和效果。

（一）农产品物流评价指标体系的构建原则

评价指标的选择和量化是建立评价模型的基础，也是决定评价结果优劣的关键。

要科学地分析农产品物流发展状况，并建立评价体系，评价指标的选择应遵循以下原则：

1. 目的性原则

设计农产品物流评价指标体系的目的在于：根据对农产品物流系统的综合评价，衡量农产品物流发展状况，找出农产品物流发展的瓶颈所在，通过改善不足之处，最终实现农产品物流成本的最小化和物流效益的最大化，从而提高各地区人们的生活质量。

2. 科学性原则

农产品物流评价指标应该能够对中国农产品物流水平有一个客观的反映和评价。首先，指标的选取应具有科学的理论根据，其次，该体系应能准确地反映实际情况，有利于各地区之间的横向比较，发现自身优势和不足之处，挖掘竞争潜力。

3. 系统性原则

对农产品物流系统的评价是一个涵盖多因素、多目标的复杂系统，评价指标体系应力求全面反映农产品物流的综合情况，既能反映系统的内部构成与功能，又能正确评估系统与外部环境的关联；既能反映直接效果，也能反映间接影响，以保证评价的全面性和可靠性。

4. 规范性和针对性原则

农产品物流评价指标的设置要有明确的统计口径，并且要借鉴国际经验用于国际比较。同时，指标应根据其重要性有针对性地选取，保证指标少而精，即简洁、紧要、好懂、管用，不必面面俱到。

5. 定性与定量相结合原则

在综合评价农产品物流水平时应综合考虑影响农产品物流水平的定量和定性指标，对定性指标要明确其含义，使其能恰如其分地反映指标的性质。定性和定量指标都要有清晰的概念和确切的计算方法。

6. 实用性原则

所建立的农产品物流指标评价体系力求达到层次清晰、指标精炼、方法简洁，使之具有实际应用与推广价值。为此，选取的指标要具有可操作性，指标应含义明确且易于被理解，指标量化所需资料收集方便，能够用现有方法和模型求解。

（二）农产品物流评价指标体系的构建

农产品物流体系构建的基本目标是提供完善的一体化的流通服务，提供快捷高效的配送服务，以及达到降低生鲜农产品综合成本的目的。所以，评价农产品物流系统的有效性应该从物流体系的基本目标出发，建立服务质量、物流配送效率、物流成本效益三个方面的指标体系。

1. 农产品物流服务质量指标

农产品物流服务质量是衡量农产品物流系统的重要方面，建立物流服务质量的指标体系对于控制和管理农产品物流系统来说至关重要。物流服务质量指标具体包括农产品信息化水平和服务质量水平两个指标。

农产品物流信息化水平

农产品物流信息化水平是一个综合指标，主要通过农产品信息共享率、农产品信息集中度、农产品信息传递的通畅性、农产品信息传递的准确性、农产品信息传递的及时性、农产品信息利用价值率来衡量。

农产品物流服务质量水平

满足顾客的要求需要一定的成本，并且随着顾客服务达到一定的水平时，再想提高服务水平，物流企业往往要付出更大的代价。所以农产品物流经营企业出于利润最大化的考虑，往往只满足一定的订单，由此便产生了服务质量水平指标。农产品服务质量水平指标具体包括：准时交货率、商品完好率、交货合格率、订单满足率、采购计划完成率、供货计划完成率、交货农产品质量和客户满意度。

2. 农产品物流配送效率

配送的发展程度是衡量一个国家或地区物流发展现代化程度的重要指标，是一个国家或地区流通现代化程度的重要表现，评价农产品物流配送活动的指标主要有两类：一类是决定配送效率的基础设施，一类是物流效率。

物流基础设施

物流基础设施主要包括：农村公路网络密度、通公路的村占该地区村总数的比例、农村机动力运输量占总运输量的比重、该地区高速公路长度占公路总长度比、农产品“绿色通道”数量、农产品专用运输工具占总运输工具的比、物流中心或流通中心网络密度等。

物流效率

评价农产品物流效率的指标主要有农产品物流周转速度、往返载货率、各种运输工具的装载率、物流设施利用率、物流中心配送效率。

3. 物流成本效益

通过该指标能够反映出农产品物流的整体效益情况，包括物流成本和物流效益两大指标。

物流效益

反映农产品物流发展的规模和水平，具体可以通过农产品加工增值率、农产品加工产值占农产品产值比、农产品库存和农产品物流环节上的损失率来衡量。

物流成本

物流系统的各项投入在价值形态上表现为物流成本，可以通过农产品市场交易费用、农产品物流成本占整个农产品成本比、农产品交易成功率来衡量。

能力转化

◆简答题

1. 简述农产品物流系统的构成要素。

2. 简述农产品物流系统的特征。

3. 试分析农产品物流系统标准化建设的问题。

4. 如何全面有效地评价农产品物流系统的效率？

◆实践题

通过网络、报纸、杂志等媒体，搜寻农产品物流系统的相关材料，组织讨论，并利用本单元的理论知识分析材料里涉及的具体内容。

单元四

蔬果农产品物流运作模式

一、蔬果物流模式及其评价——以辽宁省为例
二、发达国家及地区蔬果物流模式分析与经验借鉴
三、蔬果物流模式的创新

【学习目标】

1. 了解蔬果农产品物流的含义、特征
2. 了解辽宁省蔬果产业的物流模式及存在的问题
3. 了解发达国家及地区蔬果物流模式及其经验
4. 掌握新型蔬果物流模式构建的基本目标、基本模型、主体定位
5. 能够分析新型蔬果物流模式的三种运作方式的特点

项目一 蔬果物流模式及其评价
——以辽宁省为例

项目导入

北京新发地农产品批发市场

北京新发地农产品批发市场成立于1988年5月16日，现已成为首都北京乃至全国交易规模最大的专业农产品批发市场。截止到2013年，市场占地1 820亩，管理人员1 759名，固定摊位5 558个、定点客户8 000多家，日均车流量3万多辆（次）、客流量6万多人（次），日吞吐蔬菜1.6万吨、果品1.6万吨、生猪3 000多头、羊3 000多只、牛500多头、水产1 800多吨。市场已形成以蔬菜、果品批发为龙头，肉类、粮油、水产、调料等十大类农副产品综合批发交易的格局。

近年来，为构筑首都农产品安全稳定供应的“护城河”，市场实施了“内升外扩”发展战略，市场业务正在稳步向生产源头和零售终端同步延伸，在北京周边和农产品主产区投资建设了13家分市场和500多万亩基地，在北京市区内建立了150多家便民菜店，有效平抑了市场物价，方便了社区居民，有效保障了首都农产品的安全稳定供应。

（资料来源：http://www.xinfadi.com.cn/company/cintros.shtml）

◆ 启示　农产品批发市场是为农产品集中交易提供场所的有形市场，是农产品流通体系与营销体系的核心环节，发挥着集散农产品、提供价格服务等功能。我国“小农户，大市场”的矛盾导致了在众多的小农户和巨大的市场之间需要一个庞大的流通体系来完成生鲜农产品的集散功能。顺应需求，产生并形成了批发市场主导型鲜活农产品物流模式。目前，我国有4 000多家农产品批发市场，覆盖了所有的大中小城市和农产品集中产区。农产品批发市场作为农产品流通的中心枢纽，对保障城市供应、解决农产品“卖难”问题起着重要作用。

知识储备

一、蔬果农产品物流

（一）蔬果农产品物流的含义

蔬果农产品物流是指为了满足消费需求，实现生鲜蔬菜、水果的价值，利用现代化的物流手段将蔬果农产品从菜（果）农供给地移动到消费者需求地的实体移动过程。具体包括蔬果农产品的采摘、运输、储存、装卸搬运、流通加工、包装、配送及信息处理等一系列环节与活动。可以看出，蔬果农产品物流是一个系统工程，涉及蔬果的生产地、集散地或市场、蔬果运输与仓储以及相关信息的收集与管理等多个方面。

（二）蔬果农产品物流的特性

1. 分散性

农业生产不同于工业生产的特性决定了农产品生产主体的分散性。我国蔬果类农产品与其他农业种植产品的生产方式一样，多以家庭生产方式为主，单位规模小且分散。从蔬果的采摘一直到消费终端的每一个环节，单个农户都很难直接与大市场衔接，小生产与大市场的矛盾突出，具体表现为质量监管困难、品质规格混杂、信息传递不畅、销售渠道多变等。因此，分散的生产方式是蔬果物流面对的一个现实问题。

2. 鲜活性

蔬果的含水量普遍比较高，正常条件下，在物流环节中难免由于蒸腾作用而损坏其鲜嫩品质，长时间放置必然丧失营养和食用价值。因此，这种特性客观上要求物流过程中要以低温、空调等冷链运输和储存的措施来保持蔬果的价值不受影响。

3. 易损性

蔬果具有的生物特性决定了其在物流过程中与其他产品的区别。一方面蔬果在采摘后保持着生命活动，并在较长时间内得以延续，容易造成腐烂变质；另一方面蔬果质地鲜嫩、含水量高，在物流作业过程中由于震动、摩擦、碰撞等机械作用而受到损坏。因此，这种特性客观上对物流时间的上限、运输配送的距离、装卸搬运的次数都提出了更高的要求。为了避免或降低蔬果在物流过程中的损坏，应考虑集约物流模式的应用。

4. 非均衡性

蔬果农产品在生产与消费上的时空矛盾导致了蔬果农产品物流的非均衡性。从生产角度来看，蔬果的生产一般具有区域性、季节性的特点，而且地点多在农村，远离城市。所以，为了满足消费需求，完成蔬果农产品的商品化，就要想尽一切办法使其从农村转移到城市。从消费的角度来看，人们对蔬果的消费是日常生活的一部分，每天都有需求，并且随着消费观念的提升和生活水平的提高，对消费的品种和质量会提出更高的要求，所以消费的多样性与个性化增加了蔬果农产品的非均衡性特点。蔬果农产品物流的目的就是将蔬果农产品准确、及时、快捷地输送到消费者手中，以便满足消费需求，引导合理消费，指导生产。

二、辽宁省蔬果物流模式

辽宁省蔬果物流运作的主体一般包括菜（果）农、产地批发商、销地批发商、贩销大户、农民专业合作社、加工企业、零售商等。其物流系统的运作过程主要有如下环节：

农户→产地批发商→运输商→销地批发商→零售商→消费者

根据蔬果物流运作过程中参与主体或市场作用与地位的不同，辽宁省现有的蔬果物流模式主要可以划分为：集贸市场主导模式、批发市场主导模式、农民专业合作社主导模式和连锁超市主导模式。

集贸市场主导模式

集贸市场是指由市场经营管理者管理，按照一定的时间间隔，在一定地点，周边城乡居民聚集进行农副产品现货交易的固定场所。它具有互通有无、调剂余缺、活跃城乡经济的市场功能。集贸市场作为传统的农产品交易形态，在辽宁省各地仍然普遍存在。比较常见的各乡、镇的集贸市场和城市郊区及城内社区的农贸市场、早市等都属于集贸市场的表现形式。这种模式的蔬果供应链主体一般有农户、小商贩等，其流程如图 4-1 所示。

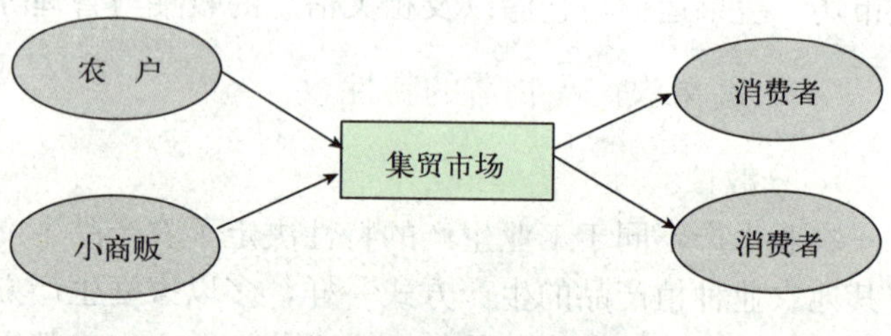

图 4-1　集贸市场主导模式

这种交易模式环节少，买卖双方直接在集贸市场上相互议价直接进行交易。由于集贸市场多为自发形成，基础设施比较简陋，甚至没有任何基础设施，蔬果多以最初形态进入流通领域并最终到达消费者手中，没有增加值。同时，市场供求信息传递差，买卖双方没有形成固定的交易关系，交易成本较高。另外，这种模式的蔬果交易半径比较小，不适合大批量的蔬果交易。在辽宁省中小城市中，农贸市场和摊贩销售还占据着重要的地位。

批发市场主导模式

农产品批发市场一般是在集贸市场的基础上发展起来的，是提供现货批量交易服务的场所。批发市场一般分为产地批发市场和销地批发市场两个层次。产地批发市场主要为生产者和中介组织搭建一个最初的集散交易平台；销地批发市场主要为蔬果的批发商、分销商和零售商构建一个批发零售交易平台。2009 年农业部批准的辽宁省定点批发市场有 31 家，其中专营蔬果农产品的批发市场就达 16 家。具体情况如表 4-1 所示。

这种模式的中心主体是分布在产地与销地的批发商，首先是在一定地域范围内的众多小规模的蔬果生产者将质量不均、数量不等的果蔬直接运到产地批发市场，完成了蔬果农产品的集中过程。在产地批发市场，各类批发商根据自己的需要采购不同品种、数量和质量要求的蔬果农产品，完成了蔬果农产品的第二次集中过程。前一次的集中是从物流角度空间上的汇集，本次集中是商流角度上的数量和质量上的重新组合。各类批发商将重新组合的农产品运至销地批发市场，在批发市场分销给农贸市场、连锁店或其他形式的零售终端，甚至直接出口外销，从而完成了蔬果农产品由集中再到分散并到达最终消费者的流通过程。在辽宁省，大部分蔬果农产品都是采用这种物流模式，其流程如图 4－2 所示。

表 4－1　辽宁省蔬果农产品定点批发市场一览表

序号	批发市场	序号	批发市场
1	沈阳十二线蔬菜批发市场	9	鞍山宁远蔬菜批发市场
2	北宁市窟窿台蔬菜批发市场	10	大石桥博洛铺蔬菜果品批发市场
3	大石桥蔬菜批发市场	11	辽阳万隆蔬菜批发大市场
4	葫芦岛绥中果菜批发市场	12	鞍山市果品批发市场
5	凌源市八里堡菜果批发市场	13	凌源市四官营子蔬菜批发市场
6	朝阳市果菜批发市场	14	大连绿嘉依果菜批发市场
7	北票蔬菜批发市场	15	锦州市黑山县大十字蔬菜市场
8	沈阳果品批发市场	16	阜新市瑞轩蔬菜农副产品综合批发市场

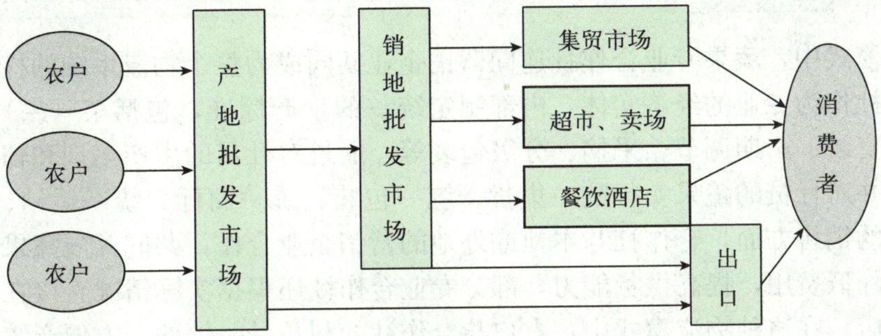

图 4－2　批发市场主导模式

在这种物流模式中，批发商是整个物流系统的核心。一般情况下，产地批发商和销地批发商是一种交易合作关系，市场的信息来源和发布都掌握在批发商手中，特别是价格在批发市场内形成并沿着物流渠道向外传递。

批发市场主导模式的主要特点是：批发市场的集散功能突出，交易批量大；交易环节较多，农民和消费者的利益都不能得到有效的保障；批发商与零售商之间是完全的买断关系，信息不对称问题突出，议价成本较高；蔬果生产者和消费者在交易中处于弱势地位。

农民专业合作社主导模式

实践证明，农民专业合作社在小农户与大市场之间可以发挥良好的桥梁和纽带作用，可以成为农产品物流的核心力量。据统计，辽宁省在 2010 年年末，有各类农民专业合作社 12 531 个，其中大部分是蔬果类专业合作社。特别是《中华人民共和国农民专业合作社法》的颁布实施，对农民专业合作社的发展起到了明显的规范和促进作用。近年来，以农民专业合作社为核心的蔬果物流模式在许多地方已经悄然兴起，其流程如图 4－3 所示。

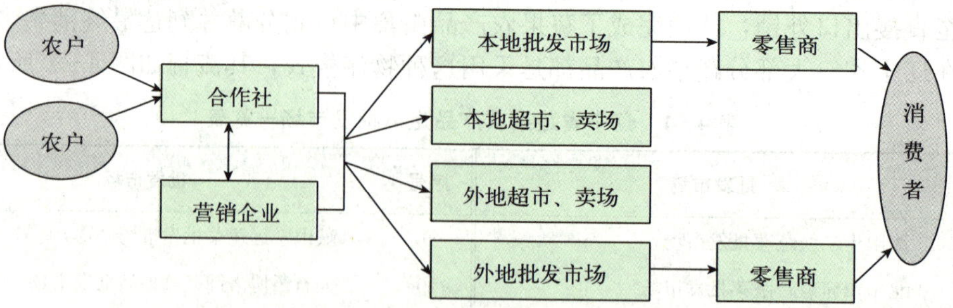

图 4-3 农民专业合作社主导模式

小知识

农民专业合作社

农民专业合作社是在农村家庭承包经营基础上，同类农产品的生产经营者或者同类农业生产经营服务的提供者、利用者，自愿联合、民主管理的互助性经济组织。

在这种模式中，蔬果专业合作社连同营销企业共同成为整个物流系统的核心。在生产方面，合作社作为专业的经济实体，内部制定统一的生产标准，包括菜（果）园的建设、施肥用药，套装、产期调节、采摘、分级包装等。通过对社员的生产培训和辅导，提高产品的品质，并对社员的蔬果实行统一集货、统一包装、统一商标、统一运销、统一核算。在蔬菜水果的销售方面，合作社与本地或外地的营销企业合作，共同开展蔬果的配送与运销工作，以降低费用，提高供货能力，部分专业合作社还根据实际情况直接在销区建立了自己的直销店。在这种物流模式中，农户与合作社的利益是一体的，方便产销直挂，减少不必要的运销环节，从而节省费用。同时，下游环节的货源渠道比较稳定，物流信息的传递有了一定的改善。但是由于农民专业合作社还处在发展初期，受合作社的规模和力量的限制，加上营销企业的市场控制，这种模式的优势还有待进一步的开发。

连锁超市主导模式

我国是世界上超市发展速度最快的国家之一。连锁经营的超市、卖场在大城市不断出现，并纷纷加入到生鲜农产品的经营行列中，相应出现了经营蔬果物流的连锁超市主导模式。在这种模式中，连锁超市通过合同的方式与合作社（农户）或生产基地建立稳定的供应关系。中小型超市的蔬果配送一般通过第三方物流的方式来完成，而大型超市一般拥有自己的物流配送中心，通过自营物流的方式完成蔬果的运输与配送，其流程如图 4-4 所示。

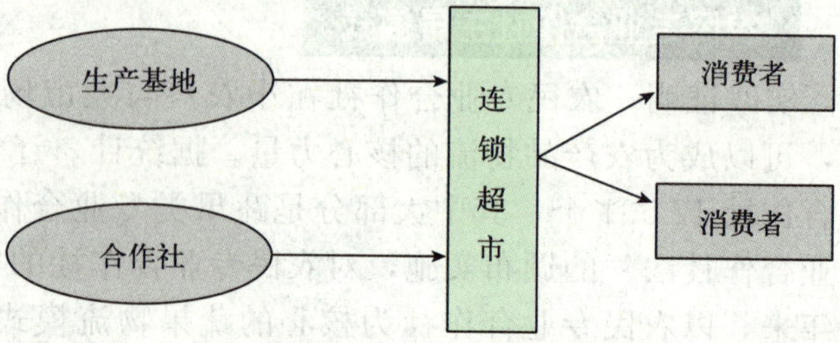

图 4-4 连锁超市主导模式

小知识

连 锁 超 市

是指经营同一类别的商品和售后服务的若干超市以一定的形式合并成统一的整体，通过企业外表形象的标准化、经营管理活动的专业化、组织人事规范化以及内部管理手段的现代化，使复杂的商业活动实现相对简单化，从而达到规模效应。

这种模式的特征主要表现在：一是交易环节比较少。蔬果成熟采摘后由配送中心或第三方物流直接进入连锁超市，省略了其他模式的中间环节。二是供应有组织保障，物流较为稳定。通过合作社或生产基地能使蔬果批量进入超市，保证了超市对销售的多品种、规格均一、高品质、高安全性的要求。三是有利于蔬果附加值的提升。农户要严格按照超市的标准进行蔬果种植和采摘，否则蔬菜、水果进入不了超市。另外在配送中心蔬菜与水果都要进行一定程度的加工处理，蔬果的附加值得到进一步的提升。四是资金兑现有保障。超市有足够的资金保障，如家乐福在辽宁的农超对接采购中，最快的能够达到 5 天返款。

这种模式在辽宁省的蔬果物流中所占的比例比较低，但是随着消费者对蔬菜与水果消费质量的进一步提升，加上连锁超市在蔬菜、水果的品质及购物环境上都比集贸市场要好得多，连锁超市零售经营将是未来蔬果物流模式的发展趋势之一。

三、辽宁省蔬果物流模式存在的问题

蔬果从生产者到最终消费者的整个流通过程中，尽管由于物流模式不同，所经过的环节有所不同，但物流中所面临的问题基本一致，都存在成本消耗、运输问题、质量安全控制、产品保鲜等关键问题。由于辽宁省蔬果农产品物流供应链主体多元化特征明显，加上物流基础设施和物流技术还不发达，供应链上参与主体之间还没有形成战略合作伙伴关系，合作与组织化程度普遍较低，物流环节中存在的问题比较复杂。

（一）成本问题

农产品物流成本是指农产品在空间转移过程中耗费的各种物化劳动和活动的货币表现，具体包括农产品收购、运输、装卸搬运、储存、包装、流通加工、配送、物流信息等作业和环节所支出的人力、物力和财力的总和。辽宁省蔬果农产品物流的成本问题主要反映在两个方面：一是物流成本高昂，降低了流通效率；二是多元化物流模式下，成本差异明显。

1. 高收购成本

在辽宁省，蔬果生产与经营主要以家庭为单位，种植分散且规模普遍较小，批量蔬果农产品往往通过收购商进入流通环节，这就不可避免地增加了物流成本。在四种主要蔬果物流模式中，集贸市场和批发市场主导模式一般都存在收购商的介入，都不可避免存在高收购成本。以沈阳市十二线蔬菜批发市场为例，沈阳的菜商通过产地蔬菜批发市场（以辽宁鞍山、北宁窟窿台和北票为主）采购蔬菜所发生的费用，主要包括代理费、租车费、收菜费、交易费、加工整理费、包装材料费、车辆联系费、装车封车费、食宿费、电话费等，蔬菜由农户到产地批发市场的平均收购费用占流通环节费用总支出的46%，收购成本之高可见一斑。合作社主导模式以合作组织的方式整合分散的生产单位并统一生产标准，有望成为解决此环节成本问题的一条理想出路。另外，连锁超市主导模式中由于在一定程度上与生产基地或合作社确定了蔬果农产品的产销关系，也是降低这一环节成本的理想选择。

2. 高交易成本

无论选择哪一种物流模式，交易成本都是存在的。但受辽宁省现有的农产品流通制度环境、物流技术水平和基础设施条件的限制，蔬果物流交易成本高昂。合作社主导模式蔬果农产品从合作社到本（外）地批发市场、本（外）地超市、卖场的交易过程中，批发市场主导模式蔬果农产品从销地批发市场到集贸市场、超市、卖场、餐饮酒店的交易过程中都存在较高的交易成本。这一环节费用最多的是进场费。沈阳十二线蔬菜批发市场土豆的进场费一般是40元/吨，15吨土豆的一次进场费为600元。如果土豆的销售价格为1元/千克，进场费占销售额的比重就高达4%。进入零售环节，无论是超市还是农贸市场，信息传递不畅、经营规模较小导致的交易成本偏高的现象普遍存在。

3. 高运输成本

辽宁省地域广阔，产地与销地分布广泛，运输成本在蔬果农产品物流成本中占有较高的比重，占流通环节费用总支出的15%左右，其中农产品（返程车辆）空载率为40%。另外辽宁省乃至我国生鲜蔬果农产品冷藏运输的水平较低，在运输保障方面存在严重的制度缺位，也成为运输成本高昂的重要原因。

（二）运输与保鲜问题

运输与保鲜是影响辽宁省蔬果农产品物流的突出问题之一，由于蔬果农产品的含水量高，保鲜期短，易腐烂变质等特性，对运输半径、交易时间和冷链设施提出了极高的要求。据空调制冷大市场采购数据显示，我国农产品产后损失严重，果蔬流通腐损率达到20%～30%，每年损失就达到1 000亿元以上。而发达国家的蔬果损失率则控制在5%以下，美国蔬果在物流环节的损耗率仅有1%～2%的水平。

1. 运输问题

虽然辽宁省交通运输基础设施发展速度很快，2011年全年公路水路固定资产投资共完成1.42万亿元，比上年增长7.1%，农产品运输条件大大改善，但整体而言农产品运输的道路和设施还比较落后，特别是一些交通不发达的偏远地区农产品运输难的问题仍然没有解决。蔬果农产品一般对运输设备要求较高，需要大量的专用运输工具，而辽宁省目前农产品专用工具缺乏，现代化的集装箱发展较慢，高效的专用运输车辆严重不足，蔬果农产品主要依靠中小型卡车运输，由于保护不足导致的腐烂损失严重。同时，专业化的农产品第三方物流组织还没有发展起来，有待培育区域内农产品短途冷链物流体系，进而改善运输问题。

2. 保鲜问题

冷链保鲜是农产品产后的重要一环，是农产品在产地收购之后，在加工、储存、运输、分销和零售直到消费者手中，各环节始终处于低温环境下，以保障农产品质量安全，减少损耗，对促进农民增收具有重要的意义。由于缺少有效的储存保鲜方式，蔬果从产地到销地的损耗十分惊人，在蔬菜批发市场，随处可见挑选出来的腐烂蔬菜。蔬菜、水果等基本上采用普通卡车运输，运输时在上面遮盖一层帆布或是塑料布或是棉被，一棵白菜从产地到餐桌，至少要扔掉1/3。目前，辽宁省乃至全国农产品物流仍以常温物流或自然物流为主，采用先进的冷藏设备的比例比较低，很少有企业或农户对蔬果农产品进行产后预冷处理。

（三）质量安全问题

随着人们生活水平的提高与改善，作为城乡居民生活必需品的蔬果的消费状况也发生了变化，已经逐渐由数量需求型消费向质量与数量并重型消费转变，质量安全问题普遍得到人们的重视。然而，目前我国蔬果类农产品从生产到消费的质量安全检测与监管体系尚不健全，相应的政策法规与监管措施也有待完善。截止到2010年5月，辽宁省14个地级市中只有7个市成立了农产品质量安全监管机构，县级普遍没有监管机构，乡镇一级专职监管人员更是严重不足。同时检测技术、设施装备更不能满足市场监管的要求，所以食品安全事件时有发生。沈阳的毒韭菜、毒豆芽事件以及2008年出口日本的农产品因有害物质含量超标而受阻事件都说明农产品质量安全问题不容忽视。当然，问题的出现也与蔬果物流供应模式有直接关系。一方面农民的生产组织化程度低，蔬果进入市场的渠道分散，监管和检测的成本高，导致从产地进入市场环节的安全检测水平普遍较低；另一方面，零售终端分散且规模小，监管和检测的成本也高，无论是农贸市场还是超市，基本上都没有设立检测机构；处于中间环节的批发市场，由于市场准入水平较低，检测与监管力度较弱。所以，从蔬果物流模式的角度出发，全面、系统地建立质量安全监管、检测体系十分必要。

项目二
发达国家及地区蔬果物流模式分析与经验借鉴

项目导入

农产品物流的西欧模式

法国、德国、荷兰等国是西欧模式的主要代表。西欧模式的批发市场流通比例较小，而且大多数大型批发市场仍然坚持公益性原则，如法国就指定了全国的23个批发市场为国家公益性批发市场。这些国家的农产品批发市场形式也有所不同，农产品直销比例呈现出不断上升的趋势，如在法国巴黎郊外设立的一个批发市场——汉吉斯国际批发市场，由于鼓励发展产、加、销一体化，并将产前、产后相关企业建立在农村，巴黎的农产品直销比例不断上升。该模式的农产品物流主要有以下特点：一是鼓励发展产、加、销一体化，并将产前、产后相关企业建在农村；二是建有完善的现代化大型公益性农产品批发市场；三是农产品实行标准化生产。

（资料来源：郑远红，国外农产品物流模式对我国的借鉴，《农业经济》，2013－03）

◆ 启示　我国农业发展滞后，究其原因有很多，其中农产品流通不畅无疑是重要原因之一。我国农产品物流水平低下，已成为农业经济发展的关键制约因素。发达国家不仅物流整体水平较高，而且农产品物流发展也取得了很多成功经验。我国农产品物流的发展还处于起步阶段，有必要借鉴发达国家的成功经验，同时吸取一些教训，以免走更多的弯路，使农产品物流有效地服务于农业经济的快速发展。

知识储备

一、发达国家及地区蔬果物流模式

（一）美国模式

美国的农产品生产以布局区域化、生产专业化、服务社会化著称于全球。蔬菜生产主要集中于西南部的加利福尼亚州，中南部的德克萨斯州西部和新墨西哥州，南部的德克萨斯州东部至佛罗里达州墨西哥湾沿岸，北部的威斯康星、华盛顿、明尼苏达州。以上4个产区的产量占美国蔬菜总产量的90%左右。水果生产主要集中在加利福尼亚、佛罗里达、华盛顿、俄勒冈等州，其中前三个州的水果产量最高，几乎占全国总产量的70%。由于大量的蔬果消费遍布全美各地，流通量大且非常频繁。因此，美国蔬果生产的背后，有庞大、通畅、复合、高效的物流体系的支撑。美国的蔬果物流模式结构如图4-5所示。

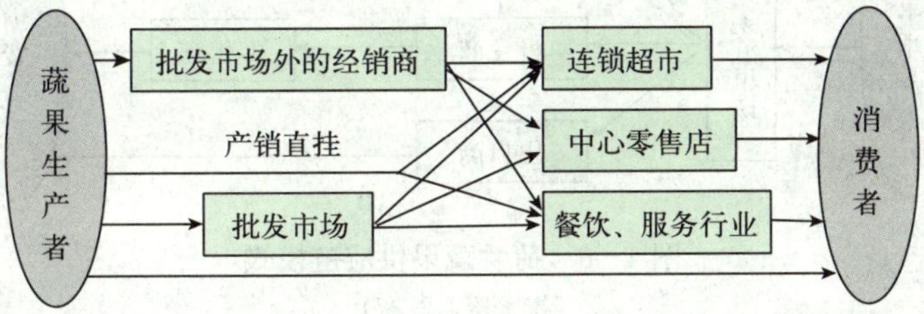

图4-5　美国蔬果农产品物流模式
（张旭辉，2008）

从美国的蔬果物流模式来看，中间环节相对较少，最多为3个环节。

销售金额

通过超市、连锁企业提供给消费者的蔬果份额约为33%，通过中小零售商店提供给消费者的蔬果份额约为25%，通过餐饮及服务行业提供给消费者的蔬果份额约为40%，生产者零售直销的约为2%。

生产方

农场生产规模较大，一些独立的生产者或生产者的联合组织，可以直接为零售企业提供品种齐全、大批量的蔬果供应。

批发方

一般经营规模较大，能够为数量众多的超市、连锁店、中小零售商等提供配送服务。

零售方

超市、连锁店等大型零售企业都有自己的配送供货机构，有能力到产地组织采购。

产加销一体化组织

是美国蔬果流通的中介组织，具体包括产加销公司和蔬果合同联合体，前者是完全纵向一体化经营形式的联合企业，后者是蔬果供配商、加工包装商、大型零售集团购买机构、蔬果运销公司等，与农场主以合同的形式结成蔬果产销经济联合体。这一中介组织在美国蔬果流通中占有十分重要的地位。

正是因为美国先进、完善的物流运行体系给蔬果的产后流通带来了较高的效率与质量，美国蔬果在流通过程中的损耗率一直控制在1%～2%的低水平上。

（二）荷兰模式

荷兰是农业生产大国，园艺产品在其农业生产中占有比较大的份额，水果种植约占园艺作物种植面积的19%。由于荷兰位于欧洲的中心，区位优势使其成为欧盟的农产品流通中心，欧盟多达40%以上的水果贸易发生在荷兰。荷兰蔬果供应链主要采取拍卖的形式，拍卖市场一直连接着荷兰蔬果的生产与销售，其供应链模式如图4-6所示。

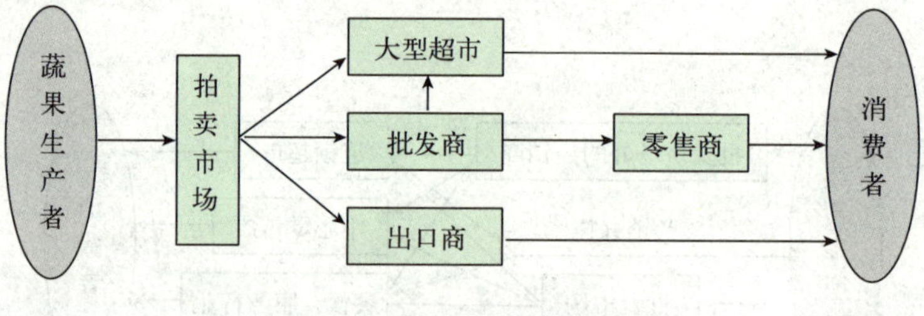

图4-6　荷兰蔬果供应链模式

（崔蜜蜜，2007）

从荷兰的蔬果物流模式来看，其最具特色的就是批发市场的全国联合拍卖，就是各大批发市场都通过计算机和特定的通信线路进行全国统一联网，在每个批发市场的拍卖系统上同时显示不同拍卖市场的蔬果价格，这样买主就可以在一个市场内竞价购买全国市场上的蔬果。这种交易方式的形成，极大地节约了交易费用和交易时间。拍卖得以顺利进行的前提是农户对其采摘的蔬果进行统一的分级和标准化，保证每一拍卖单位的产品都是同质的。此外，拍卖市场是由农民或种植公司联合举办的，主要采取入股的方式，这样拍卖市场也就真正成为种植者共同拥有的公共交易平台。当然，荷兰发达的农业合作组织与完善的物流基础设施对其高效畅通的蔬果物流也起到了极大的促进作用。值得一提的是荷兰的冷冻行业非常发达，这一行业的公司大都具有现代化的制冷和冷冻技术设备，保证了高质量的蔬果农产品运输、储存和配送服务。

（三）日本模式

日本的农业生产是小规模分散进行的，其蔬果的生产规模小，农户种植的果园或菜园一般不到1公顷，且分散成多块。但是日本的蔬果物流处于领先地位，各个环节的技术水平都相当完善与发达，这与日本统一、高效的农产品流通体制是分不开的。中央批发市场和地方批发市场在蔬果流通中发挥着重要的作用，批发市场以拍卖交易和竞标交易为主，大都配有完善的保管设施、冷冻冷藏设施、配送设施、加工设施等，形成了以批发市场为核心的蔬果供应链模式。日本蔬果供应链模式如图 4-7 所示。

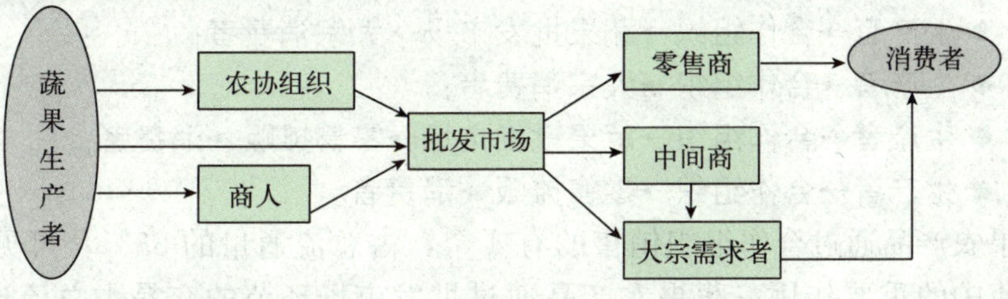

图 4-7 日本蔬果供应链模式
（王桂英，2010）

从日本的蔬果物流模式来看，蔬果农产品主要通过三个途径进入批发市场：一是农协组织把从生产者手中购买的蔬果以委托销售的形式进入批发市场；二是产地商人把从生产者那里收购的蔬果以委托销售的形式进入批发市场；三是生产者直接委托批发业者进入批发市场。蔬果进入批发市场主要以第一种方式来完成，可见日本的农协组织在农产品销售中扮演了重要角色，农协组织是日本蔬果流通体系中的最基本元素。在批发市场内，蔬果通过批发业者以拍卖或议价的形式出售给中间商或买卖参加者，同时中间商也向买卖参加者出售。买卖参加者是那些大宗需求者，具体包括饭店、学校餐饮中心、宾馆以及超市等。最后，买卖参加者以定价的形式将果蔬直接销售给消费者。值得注意的是，日本只存在销地批发市场，具体由中央批发市场、地方批发市场和其他批发市场构成，批发市场中的各类批发商是日本蔬果流通繁荣稳定的关键。

（四）台湾模式

蔬菜和水果为我国台湾省的大宗农作物，种植面积分别达到 16 万公顷和 22 万公顷。与大陆相似，台湾蔬果种植以农户为单位，都属于小农户分散经营模式。自 20 世纪 70 年代以来，台湾的农产品运销体系日趋成熟，制度安排与实际运作都获得了一些成功，对大陆的蔬果物流体系的建设具有一定的参考价值。台湾省的蔬果物流模式如图 4-8 所示。

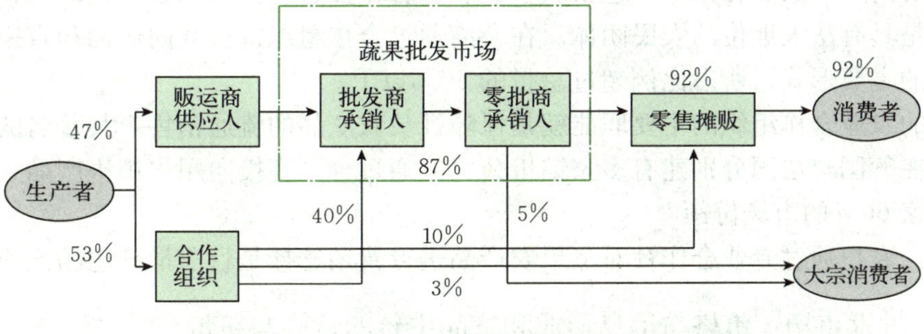

图 4-8 台湾地区蔬果物流模式简图
（赵一夫，2008）

从台湾省的蔬果物流模式来看，蔬果物流的流通路径有六个：

- 生产者→贩运商供应人→蔬果批发市场→零售摊贩→消费者；
- 生产者→贩运商供应人→蔬果批发市场→大宗消费者；
- 生产者→合作组织→蔬果批发市场→大宗消费者；
- 生产者→合作组织→大宗消费者；
- 生产者→合作组织→蔬果批发市场→零售摊贩→消费者；
- 生产者→合作组织→零售摊贩→消费者。

其中蔬果农产品通过合作组织销售的有 4 个，占总流通量的 53%，可见合作组织在台湾蔬果物流中的重要作用；蔬果农产品通过批发市场环节的交易占总流通量的 87%，可见批发市场是目前最主要的农产品交易场所。

台湾地区蔬果物流模式的形成与其生鲜农产品运销制度的设计有直接的关系，主要有批发市场制度、共同运销制度和直接运销制度。正是在这些制度的安排下，不同的经销主体选择了不同的运销模式和流通途径，共同构成了具有台湾特色的蔬果物流模式。

二、发达国家及地区蔬果物流模式的经验

（一）农民专业合作社：农户蔬果营销组织化的理想选择

无论是以小规模分散的农户为经营单位的日本、我国台湾省，还是以较大规模实行专业化生产的家庭农场为经营单位的美国，农民合作组织在蔬果流通中都占有重要地位，因为通过充分发挥合作组织的功能与作用，能够实现与市场的有效衔接，实现农户的规模经济效益。

2008 年，美国有 150 多万农场主参加了“全国农场主联盟”和“美国农业联合会”，还有众多的农户参加了不同类型的农业生产与销售合作社。在日本，约有 97%的农户加入了农协，90%的水果等鲜活农产品由农协组织销售。

日本农协作为农民的合作组织，就水果而言，一是在产地将果农的水果集中起来送到批发市场进行交易，充当了果农与批发商的产地中介。二是在水果的销售中，日本农协在全国大中城市的中央批发市场建立了分支机构，并且建有专属于农协的水果挑选、加工、包装厂以及冷库、冷藏车和运输中心，提高了水果流通的附加值，尽量使外部利益内部化。三是开展了水果供求信息的收集与传递。

我国台湾省的农业合作组织包括农会、农业合作社、合作农场和产销班四种类型，其中前三个是具有法人地位的农民团体。在台湾通过合作组织进行共同运销和直销成为生鲜蔬果物流的主要形式，所占比例超过总量的 50%以上。

荷兰的农业合作组织的主要职能就是保障社员农产品的流通销售，其著名的农业与园艺合作社在德国与法国分别建有多家销售公司，通过合同直接向用户销售产品，大约占有这两个国家 60%的市场份额。

总之，农户通过专业合作社对蔬果农产品进行营销选择是目前最理想的流通模式。

（二）批发市场：价格与信息形成和货品中转的桥梁与纽带

无论是哪一个国家或地区的蔬果物流，都缺少不了批发市场的参与，蔬果批发市场作

为农产品流通的主要渠道和枢纽，解决了分散的蔬果农产品从分散到集中流通的矛盾，并且在这一交易过程中，形成了蔬果的交易价格和蔬果实体的流动路径。

日本蔬果批发市场经过多年的发展，形成了公开、公平、公正的竞争原则和严格的蔬果市场准入制度，建立了良好的竞争机制，并采取了现代化的电子商务交易手段。截至2008年年底，日本共有中央批发市场79个，地方批发市场1 237个，其中蔬果批发市场64个。2006年经各类批发市场交易的蔬果金额34 622亿日元，其中经中央批发市场交易的蔬果金额20 294亿日元，占比58.6%，经地方批发市场交易的蔬果金额13 957亿日元，占比40.3%。

在荷兰的电子化蔬果农产品批发市场内，协调联运物流中心和蔬果集成保鲜中心的新式电子、交换式信息和订货系统已经建立，向广大客户提供高质量的服务。

在我国台湾省，蔬果批发市场是最主要的蔬果流通环节和场所，其交易方式以拍卖为主，兼有议价或投标。其经营目标不以盈利为目的，所以市场管理费比欧美要低。

总之，蔬果生产与流通的特点以及批发市场的地位与作用，进一步说明了批发市场在目前农产品流通中的不可或缺性以及强化批发市场建设的必要性。

（三）超市连锁经营：蔬果销售的理想终端

发达国家的连锁超市是从20世纪60年代逐渐发展起来的，它的产生和发展满足了人们对产品卫生和质量提高的要求。

蔬果进超市进行连锁经营的优势

蔬果通过超市进行连锁经营，一是有严格的质量检验和卫生检疫。二是超市配有使蔬果在较长时间内得以储存的冷藏设备、如冰箱和冷柜等，这样蔬果可以在较长的时间内不发生腐烂和变质。三是蔬果进入超市可以发挥品牌效应，具有增值价值。四是减少对环境的污染和危害。所以，这一终端销售模式以其特有的优势吸引着众多的消费者，在生鲜农产品物流中的作用日益突出。

有关数据显示，在欧美等发达国家通过超市连锁经营的蔬果等鲜活农产品已占总消费量的80%，美国农产品的95%是通过连锁超市销售的，日本农产品连锁商店的销售比例也达到70%。总之，随着人们消费需求的提高，蔬果农产品超市销售的便利性以及质量安全的可靠性使超市连锁经营逐渐成为理想的销售终端。

（四）物流信息化：降低交易成本的法宝

物流信息一直是物流业发展的神经系统。发达国家借助先进的计算机技术和通信网络技术开启了农产品流通的信息化，其强大的信息技术成为农产品物流发展的巨大引擎。

在美国，联邦政府认为，数据和信息的收集与传播、知识的创新与共享，对农产品物流的发展是非常重要的。据了解，美国农业电子商务占电子商务总量的8%，在全国各行业中位列第五。信息技术在农产品物流中被广泛应用，条形码技术、射频技术以及电子数据交换技术使交易主体间的信息往来更加便捷，极大地减少了蔬果农产品的流通环节。

在日本，物流联网被大力推行，形成了网络化的大型农产品商务中心，中心的物流控制系统提供多样的农产品交易信息，促成买卖双方的合作。其最主要的特点是通过网络可以进行小批量、多品种、高质量的销售，具有良好的发展前景。

欧洲先进完善的信息系统使物流业基本实现信息化和自动化。荷兰的农产品拍卖中心安装有全球最先进的电子交换式信息和订货系统。农产品商流、资金流在发达的电子交易平台和网上支付系统完成，而物流则是通过第三方物流企业来完成，这样物流的时间和路径就大大缩短，物流成本大幅降低。

总之，从蔬果物流信息化的角度出发，充分发挥其神经系统的协调和统筹作用，使蔬果物流进一步合理化，降低交易成本的目标就可以实现。

（五）物流技术装备：蔬果物流降低损耗的保障

西方发达国家的物流技术装备已经达到相当高的水平，形成了以信息技术、运输技术、配送技术、自动化仓储技术、库存控制技术、包装技术等专业技术为支撑的现代物流装备技术格局。如蔬果物流的公共基础设施以及相关的服务配套体系十分完备，其批发市场早已改变了只有广场、仓库的局面，配备了完善的保管设施、冷藏设施、加工设施等。

美国的公路、铁路、水运四通八达，高速公路遍布城乡，将乡村的每家每户都能连接起来。铁路运输十分便利，一些蔬果收购站和仓库、加工厂建有专门的铁路线。同时，美国储运设备的机械化水平高，冷链技术完备，大大降低了蔬果的损耗率。

荷兰的鹿特丹港靠近重要的水果蔬菜种植区，港区周围公路纵横交错，通往内地的水路运输也非常发达，所以，快捷、高效的物流基础设施及装备，使荷兰蔬果远近闻名。

总之，发达的物流技术装备，使蔬果物流更加通畅与顺达，成为蔬果物流过程中降低损耗的保障。

（六）流通环节简化：蔬果物流发展的重要趋势

蔬果物流的流通渠道逐步优化，流通环节日益缩短成为西方发达国家的一个显著特征。

美国78.5％的水果物流链条为“生产地—配送中心—超市或连锁店—消费者”，经由批发市场的水果数量在不断下降，批发市场的水果交易量只占交易总量的20％。

荷兰通过水果的收集分类—鲜储—拍卖—包装等程序，将来自世界各地的水果进行标准化处理，分销到世界各地，有的品种当天就可以运往销地市场。

台湾农会超市逐渐转向由农民团体直接进货，促进了农产品直销业务的快速发展。目前，直销配送已经成为台湾蔬果物流运销的重要渠道。直销在减少流通环节、提高流通效率的同时，使消费者与生产者达到了双赢，当然也有助于流通环节的整合。特别是随着蔬果供应链上前端生产者生产环节合作化的深化以及后端超市连锁经营的普及，直销模式必然成为蔬果物流的重要发展模式之一。

项目三
蔬果物流模式的创新

项目导入

省去流通环节的优势

省去经销商、批发商等多道环节，当天清晨采摘的新鲜蔬果直接配送到超市出售，价格普遍比菜市场低 10%左右。从 2011 年 7 月下旬开始，浙江省宁波市鄞州区农乐果蔬基地、宁波方兴食品有限公司进驻利时生鲜超市南裕店，驻点销售肉类和果蔬。

这种“农超对接”的模式，采用“果蔬、肉类基地＋超市＋消费者”的“从田间到餐桌”的新型流通模式，让新鲜蔬菜以最快的速度、最低的成本摆上超市，让市民买菜就像在田间“摘菜”。

早上 5 点，一辆配送车在利时超市南裕店门口停下，车上装满了新鲜蔬菜。随后，工作人员就忙开了，超市 6 点半开门，工作人员要赶在超市开门营业前将菜摆上柜台。

一阵忙碌后，近百种蔬菜水果出现在柜台上。“这些菜都是凌晨三四点采摘的，特别新鲜。”利时超市南裕店店长介绍，超市里的蔬菜、水果由鄞州区最大的蔬菜基地——农乐果蔬基地直供，肉类则由区里最大的猪肉屠宰配送基地——宁波方兴食品有限公司驻点直供。

因为采取了基地直供方式，超市价格低于市场价格 10%。如果出货量大，还可以随时从基地补货调货，保证供应。

（资料来源：几个合作社农超对接成功的经典案例，吾谷农事通网，2012－03－31）

◆ 启示　农超对接的本质是将现代流通方式引向广阔农村，将千家万户的农产品与千变万化的大市场对接起来，构建了市场经济条件下的产销一体化链条，为农产品提供了良好的销售平台。实现市场需要什么，农民就可以生产什么。既可以避免生产的盲目性，稳定农产品的销售渠道和价格，同时又能减少流通环节、降低流通成本，对于稳定增加农民收入、促进城乡协调发展将产生广泛而深刻的影响。

知识储备

一、构建新型蔬果物流模式

供应链管理是在满足顾客需要的同时，为了使系统成本最小，而把供应商、制造商、批发商和零售商有效地结合在一起来生产商品，并把正确数量的商品在正确的时间配送到正确地点的一套方法。因为供应链的管理是对整个物流运作过程的管理，所以是一种集成的管理思想和方法。我国蔬果物流存在的成本问题、运输保鲜问题以及质量安全问题广泛地存在于整个蔬果物流的各个环节之中，要想从根本上减小或消除这些问题，不能简单地从问题存在的某一个环节着手，而应该从蔬果物流中供应链的视角出发，从更大的范围来寻求问题解决的措施与办法。

（一）新型蔬果物流模式的含义

新型蔬果物流模式是以供应链管理思想为指导，以需求为导向，为了使系统成本最小，将参与蔬果生产、流通和消费的多方主体（农户、合作社、收购商、批发商、零售商、大宗消费者、家庭消费者等）实施一体化运作，并结合计算机网络技术进行计划、组织、协调和控制的蔬果流通组织方式。这一新模式十分注重客户需求的导向性，客户需求是拉动蔬果供应链中物流、商流、信息流与资金流运作的驱动源，组织模式的形成、重构与运营都是基于一定的市场需求而发生的。同时新型模式中的参与主体之间是建立在合作信念上的稳定的伙伴关系，并具有一定的战略性，而不是松散的临时性买卖关系，这是实施蔬果供应链一体化运作的前提。另外，新模式能够实现快速反应和有效客户反应，快速反应就是面对蔬果的多品种、小批量的客户需求，新模式具有以最快的速度进行商品的组合、缩短交货周期、减少库存、提高客户服务水平的能力。有效客户反应是指通过蔬果分销体系中合作伙伴的密切合作，消除系统中不必要的成本和浪费，提高服务过程中的效率。

（二）构建新型蔬果物流模式的基本目标

蔬果物流的基本任务就是克服蔬果生产与消费之间存在的空间矛盾和时间矛盾，通过蔬果物流模式的合理化力争使生产者和消费者利益最大化。与工业品相比，由于蔬果农产品需求与交易的特殊性，对蔬果农产品物流模式提出了更高的要求。同时面对我国现有蔬果物流模式存在的问题，重构新型蔬果农产品物流体系必须追求实现四个方面的目标：高效（交易效率高）、快捷（交货周期短）、安全（卫生质量有保证）、充分满足顾客需求。

1. 高效

高效就是要有比较高的效率，具体包括三方面的含义：一是从时间角度来看，交易时间要短，二是从蔬果流通过程来看，物流成本要低，三是从价值角度来看，物流过程中要有更高的价值增值。之所以要实现高效的目标，首先是由蔬果农产品自身的生物属性所决定的，保质期短、易损易腐。另一方面是针对我国现有的蔬果物流模式中普遍存在的高收购成本、高交易成本和高运输成本而言的。总之，降低交易费用和物流成本、提高价值增值幅度是重构高效的蔬果农产品物流体系的首要目标。

2. 快捷

快捷是供应链对蔬果物流模式提出的更高要求，是指蔬果农产品在物流过程中涉及的每一个供应商与客户之间要迅速地衔接与转换，尽量做到时间不浪费、货物不停留，这对高效的运输工具与合理的配送计划提出了更高的要求。

3. 安全

安全问题不仅存在于生产加工环节，也存在于流通领域，包括物流的各个环节，直至消费者的餐桌。安全是人们对蔬果消费十分关心的问题，也是蔬果应该达到的基本要求。蔬果在物流过程中的质量安全应该做到以下几点：一是保证进入流通环节的蔬果没有安全问题，也就是对农户提供的蔬果进行农药残留的检测等。二是防止中间商对经营的蔬果掺杂使假，进行有害的加工制作，如用硫黄熏烤某些农产品使之外形色泽美观。三是建立有利于蔬果质量安全的制度与环境，做到监控措施得力。新型的蔬果农产品物流体系必须系统地设计安全问题的防控措施，在相关行政监管的前提下，优化监管环节，强化监控力度，建立健全蔬果农产品质量安全保障体系。

4. 充分满足顾客需求

满足顾客需求就是将适当的蔬果农产品或服务，以适当的数量、适当的质量，在适当的时间和适当的地点，以适当的成本交付给适当的顾客。就蔬果农产品物流而言，适当的质量、适当的时间、适当的地点、适当的成本都是十分重要的。适当的质量，就是蔬果农产品的品质、新鲜度、加工程度、安全性等方面都要适合消费者的需求，符合消费偏好。适当的时间，既可以保证蔬果农产品的新鲜度，又可以适应消费者的购买习惯，还可以减少蔬果的存放时间，提高流通效率。适当的成本是确定消费者承担蔬果农产品价格的重要基础，也关系到经营者一定的收益水平，如果物流成本过高，导致价格上升，会使消费者产生不满情绪。由于蔬果农产品的生产具有分散性、季节性的特点，物流体系就应该在这一客观条件的限制下，做到适当的供给，充分满足顾客需求。

（三）适合我国实际的新型蔬果物流模式

蔬果农产品物流是面向广大消费需求而存在的，蔬果物流的组织安排就必须考虑如何高效地适应消费需求的实现，这有赖于对消费需求的深刻认识与划分。从我国现有的蔬果物流模式并结合国外及地区的成功经验来看，对蔬果农产品的消费可以划分为确定性需求和不确定性需求以及混合性需求三种类型。

确定性需求

指一定时期内对蔬果农产品的消费在品种和数量上是明确的、可以统计的，这种情况主要是大宗消费者，具体有大型饭店、工矿企业及学校的食堂等。确定性需求的大宗消费对蔬果的购买可以选择批发市场或直接从合作社采购。

不确定性需求

指一定时期内对蔬果农产品的消费在品种和数量上是模糊的、是需要预测的，这种情况主要是居民家庭消费。不确定性需求的居民家庭消费可以根据条件的不同选择农贸市场或超市或大型卖场。

混合性需求

在一定情况下对蔬果的消费是确定的，而在条件不存在的时候对蔬果的消费是不确定的，主要有各种类型的宴席。混合性需求往往可以比照大宗消费的情况来完成蔬果的购买，但是也有例外。

另外，连接上下游流通主体的物流企业在新模型的设计中得到重视，尤其是随着我国农产品物流信息技术和冷链设备的完善，处于批发环节或集中零售环节的蔬果配送中心将得以构建，这一专业主体的出现将协助批发市场与连锁超市更好地完成蔬果物流的具体操作，流通效率将会有较大的提高。随着蔬果物流的社会化与专业化的发展，专门从事蔬果物流的运销公司也将在流通体系的前端得以确立，主要完成蔬果农产品的运输。

结合我国现有蔬果物流模式存在的问题，并借鉴成功经验，适合我国实际的新型蔬果物流模式如图 4－9 所示。

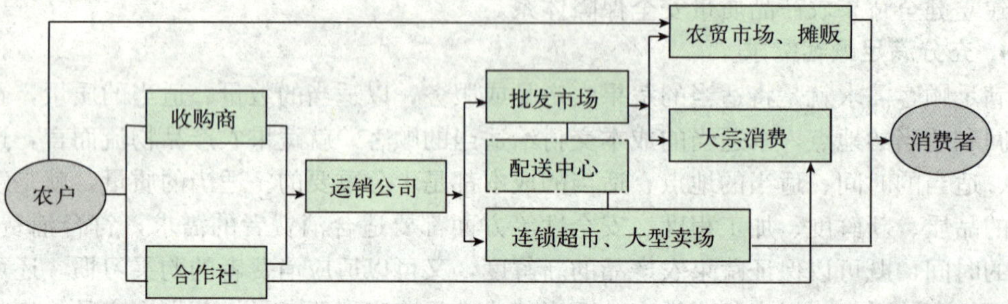

图 4－9　新型蔬果物流模式

1. 从生产环节来看

农户生产的蔬果可以从三个路径进入市场：

农户→农贸市场、摊贩

农户可以将生产的蔬果拿到集贸市场上去销售，直接面对消费者，这是一条传统的路径选择。在农户生产规模偏小、劳动成本低并有充分劳动力的前提下有存在的可能性，或者生产者靠近本地市场的时候也会出现，但是随着生产规模的增大，自产自销的情况将会越来越少。

农户→收购商

农户将生产的蔬果农产品卖给上门收购的批发商（或公司），目前这种路径选择占有较大的比重，其原因是交易方便、卫生安全要求低，农户坐享其成。但是缺点也比较明显，农户处于被动地位，市场信息闭塞，议价的主动权掌握在对方手里，同时收购商的搜寻成本比较高，从发展趋势来看并不是理想的选择。

农户→合作社

农户通过合作社进入市场，不仅能够解决分散的小生产与集中的大市场对接的矛盾，而且能够提升农户议价的能力，同时对农户的专业化与规模化生产具有强大的拉动作用，对提高蔬果农产品的安全质量水平也有着极大的意义。

2. 从批发环节来看

由于我国地域广阔，蔬果产地分散，产品种类差异大，批发市场的规模和类型比较复杂，不仅存在产地批发市场与销地批发市场的分割，而且还存在一级批发市场、二级批发市场、三级批发市场的划分。正是因为存在这种复杂性，在一定程度上无形地增加了蔬果农产品的交易成本，蔬果在流通环节的滞留时间也变长，损耗也加大。此外，进入批发市场的批发商数量庞大且信誉参差不齐，给质量安全控制也造成了极大的困难。加上批发市场自身建设的不足，如设施陈旧、功能简单、信息化程度低等，有必要对其进行改革和优化。在蔬果物流新模式中，销地批发市场仍然是流通的主渠道，在强化不同省份批发市场一体化建设的同时，更应强调区域销地批发市场的现代化建设，设置批发商准入制度、采用电子拍卖交易方式、提升蔬果卫生质量检测能力、形成价格形成与信息传输的机制等。而产地批发市场将随着合作社特别是区域联合社的发展和壮大以及蔬果专业运销公司的专业化而逐渐被优化到流通模式的前端。

3. 从零售环节来看

由于蔬果需求的特点，零售环节的流通组织比较多。

作为不确定性需求的消费者

可以从连锁超市、大型卖场或农贸市场购买蔬果农产品，其中可得性和便利性是选择不同地点购买的主要原因。在大中城市，由于超市发展得比较快，分布得比较密集，更贴近消费者，人们主要从超市购买，质量的保证程度比较高；对于超市发展比较差的中小城市，人们多数从农贸市场或附近摊贩处购买，当然这里的条件要差一些。

作为确定性需求和混合性需求的大宗消费

由于购买的数量比较大，质量要求比较均一，一般都会考虑到批发市场或合作社直接购买，这样可以减少流通环节，降低购买价格。

从发展的趋势来看，以连锁超市和农贸市场为代表的两条终端销售渠道将不断规范并长期互补并存。

二、新型蔬果物流模式的主体定位

新型蔬果物流模式的高效运行需要各参与主体的通力合作才能完成，每一个角色都要以供应链的视角面向共同的消费需求来明确自己的地位与作用，在充分理解并明确外部需求的前提下做到内部一体化以便与自己的供应商和客户做到无缝连接，那么供应链视角下的关键主体定位就是一项十分重要的基础性工作。

1. 农户

农户一般是指户口在农村的常住户，是我国农业主要的经营组织形式，是蔬果农产品的生产者和提供者。新模式要求农户具有一定的蔬果种植技术与能力，能够按照合作社提出的种植、植保、采摘、储藏和包装的要求从事蔬果的标准化生产与经营，并尽量具有一定规模。在蔬果的成熟与采摘的季节能够按要求保质保量地提供给所属的专业合作社。

2. 合作社

农民专业合作社是同类农业生产经营服务的提供者，应具有对成员（农户）提供产前、产中、产后的技术、信息、生产资料购买和农产品的销售服务的能力。特别是对内要建立科学管理机制，构建信息平台，为社员生产管理和营销等方面提供信息化的服务。在生产经营方面要制定统一技术标准、统一施肥方法、统一防范措施、统一采收、统一包装、统一质量要求等详细操作规范，在源头上保障蔬果农产品的高质量。对外要开拓市场，搞活蔬果农产品的流通，特别是市场信息要灵通，蔬果农产品的市场经营能力强，设有专业营销团队。能够按照下游组织的要求对蔬果农产品进行质量安全控制并具有质量跟踪的能力。有条件的合作社可以进行蔬果农产品的流通加工、运输配送、储藏保鲜等服务，做到集中库存，降低成本，尽量使外部利益内部化，提升合作社对内服务的增值价值。

3. 批发市场

批发市场在新模式中具有不可替代的地位和作用，是蔬果农产品在销地中转的集散地，不仅具有蓄水池的作用，而且具有调节阀的功能，是蔬果农产品价格形成和信息传输的桥梁和纽带。新模式中的批发市场要进行专业化的经营和管理。

4. 连锁超市

大型连锁超市与农民专业合作社直接对接，进行产销合作，不仅减少流通环节，而且为蔬果农产品提供了良好的销售平台，优质的蔬果借助超市完善的配送体系和灵活的市场触角，能以最快的速度面向广大消费者的直接选择。连锁超市在新模式中应该具备的条件有：一是与多家蔬果专业合作社签有销售协议或长期合作的合同，保证供应关系的稳定性。二是根据消费需求的具体情况，有能力对蔬果农产品进行适当的流通加工，也可以根据合作协议由合作社来完成。三是具有冷藏和保鲜的专业设备与人员，保障蔬果的新鲜性。四是设有蔬果农产品的卫生安全与质量检测机构，保障农产品的安全性。五是配有专业的蔬果农产品销售情况与自动订货系统，并能够与合作社进行信息共享。

5. 配送中心

新模式中设有蔬果农产品配送中心，可以与批发市场相连接，完成对下游客户的运输任务，也可以与连锁超市或大型卖场相连接，负责门店的蔬果配送。配送中心要建有冷

小知识

配 送 中 心

配送中心（Distribution Center）配送中心是指接受供应者所提供的多品种、大批量的货物，通过储存、保管、分拣、配货以及流通加工、信息处理等作业后，将按需要者订货要求配齐的货物送交顾客的组织机构和物流设施。根据配送货物的属性，可以分为食品配送中心、日用品配送中心、医药品配送中心、化妆品配送中心、家用电器配送中心、电子（3C）产品配送中心、书籍产品配送中心、服饰产品配送中心、汽车零件配送中心以及生鲜处理中心等。

库，配有冷藏车辆及相应的专业技术人员，对蔬果农产品具有流通加工、保鲜、分级和包装的功能，同时对下游客户具有供应商库存管理的能力。能够做到快速反应和有效客户反应。

6. 运销公司

运销公司在新模式中是蔬果农产品冷链运输的重要组成部分，主要完成从合作社或收购商与批发市场或连锁超市的运输任务。从发展趋势来看，将逐渐成长为专业的第三方物流提供者，要求具有蔬果冷链运输、装卸搬运以及包装等功能。

三、新型蔬果物流模式的运作方式

1. 产销直挂

产销直挂就是蔬果农产品的生产者与消费者直接对接，是流通环节最少的、满足确定性消费需求的一种运作方式。具体表现就是代表农户的合作社与大宗消费的大型饭店、各类食堂直接对接，能够充分体现高效、快捷、安全和充分满足需求的目标，是一种理想的运作方式。但是由于受到合作社发展规模与能力的限制，目前只能在产地的一定范围内具有应用价值，如大中城市周边的综合性蔬菜合作社与市区内大学或大型企业的食堂之间的对接就属于此类。

2. 农超对接

农超对接就是蔬果专业合作社通过运销公司与连锁超市或大型卖场对接，是流通环节较少、满足不确定性消费需求的一种运作方式。这种方式有较好的发展前景，主要原因是在生产环节和零售环节都进行了有效的集成，即解决了生产的分散性与消费供给的便利性，在产地与销地都可以有效运作。其中运销公司是第三方物流供应商，负责蔬果的运输任务。目前，这种方式的运用受到合作社发展规模与超市普及程度的双向制约，需要在实践中破解一些制度上与操作上的难题。

3. 批发市场中转

批发市场环节是蔬果农产品运销的主要渠道，批发市场作为蔬果流通的桥梁和纽带，通过运销公司向前端与收购商或合作社对接，向后端与农贸市场或大宗消费者对接。批发市场要充分利用现代的物流技术和信息技术完善功能，实现自身的升级和改造，以便更好地从满足消费需求的角度来完成中转任务。

四、新型蔬果物流模式的支撑体系

1. 蔬果农产品物流信息系统

蔬果组织体系的高效运作，不仅需要各组织主体的积极参与，更需要物流信息系统的强大支持。物流信息系统是将生产、收购、运输、配送与销售等活动有机结合在一起的系统。它是通过通信据点、通信线路、通信手段的网络化，使蔬果物流信息顺畅的传递与流动，是物流组织作业系统的支持系统。主要具有订单下达、信息查询、技术指导、消息发布、货物跟踪、库存管理等功能。这一系统在应用的过程中广泛采用计算机、互联网、GPS（全球卫星定位系统）、GIS（地理信息系统）、RFID（无线射频技术）、光电技术和条码技术等。

小知识

物流信息系统

物流信息系统是指由人员、设备和程序组成的、为物流管理者执行计划、实施、控制等职能提供信息的交互系统，它与物流作业系统一样都是物流系统的子系统。

2. 蔬果农产品冷链物流系统

冷链物流泛指冷藏冷冻类食品在生产、储藏、运输、销售到消费前的各个环节中始终处于规定的低温环境下，以保证食品质量，减少食品损耗的一项系统工程。蔬果农产品冷链物流是一个封闭的系统，包括蔬果农产品采后低温包装保鲜技术，加工、储藏、销售全过程的冷冻、冷藏链技术，全程监控的信息化技术等。需要加快发展现代冷藏车与冷库的建设，才能适应蔬果冷链物流的需要。

五、构建新型蔬果物流模式的对策建议

1. 提高农民生产的组织化程度，大力促进蔬果类农民专业合作社的规模化发展

我国是典型的小农经营体制，在小生产与大市场对接的过程中必然面临高昂的交易费用和质量安全控制难题，合作社的发展在客观上破解了这个难题：一方面，提高了农户专业化生产的水平和能力，食品卫生安全也在生产环节得到有效控制；另一方面，农户通过合作社进行统一的蔬果销售，形成了整体的市场力量，改善了农户面对市场的地位。从我

发展蔬果专业合作社的小建议

（1）必须立足于本地区的资源优势和产业特点，实施特色蔬果农产品生产与经营，强调质量，重视品牌，做好适销对路的蔬果农产品开发工作。

（2）提升合作社对社员的服务能力，不仅在产品的标准化生产上给予统一指导，而且合作社要具备现代化的仓储设施，采用高新技术对蔬果进行冷藏和低温仓储，提高农产品冷藏保鲜能力与市场均衡供应能力。

（3）构建稳定高效的蔬果农产品营销渠道，在物流模式中明确自己的主体定位，树立现代物流理念。

（4）不断扩大专业合作社的覆盖范围，进一步推动合作社与蔬果运销企业之间的联合，形成规模化的市场供给主体，提升其对接市场的能力。

（5）政府应加大对合作社的扶持力度，在财政、税收、金融等方面的政策应进一步完善。要增加专项资金的投入，强化资金监管，确保财政支持的项目切实落实到农民专业合作社发展的基础性、关键性环节上。在税收政策上对合作社实行优待制，对初创期的经营行为实行税收减免。要加大金融支持力度，创新信贷支持方式，降低担保门槛，探索为合作社提供低息、长期贷款等服务。

国蔬果物流模式的发展趋势来看，无论是农超对接、产销直挂，还是批发市场中转的方式都离不开蔬果专业合作社的加入。所以，大力促进蔬果专业合作社的规模化与规范化发展是优化蔬果物流模式的重要工作与任务。

2. 规范批发市场的经营与管理，继续发挥批发市场在我国蔬果农产品物流体系中的桥梁和纽带作用

我国地域广阔，产销分散性强，地区蔬果生产的品种和数量严重不均衡，同时直销物流的模式受到零售终端发展水平的限制，因此批发市场在我国蔬果物流体系中仍将发挥蓄水池的作用和调节阀的功能。

批发市场专业化经营与管理的建议

(1) 对进场交易的批发商要有严格的准入制度，只有获得经营权证的批发商才能进场交易，并对参加交易者进行会员制管理。

(2) 批发市场应建有农产品质量检测中心，并配有专职人员，凡是进入批发市场的蔬果农产品都要进行严格的质量检测，只有合格的才能进场交易。

(3) 注重批发市场信息传输和网络系统的研究与设计，努力做到信息系统的多功能性和兼容性，对达成的每一笔交易都要进行实时播报，并进行电子屏展示，对交易的统计信息要在蔬果供应链的战略伙伴内充分共享。

(4) 批发市场要逐渐推行拍卖交易方式，为参加交易的主体创造公开、公平、公正的交易秩序与环境。

(5) 批发市场要与大型的物流配送中心对接，实现与多种商业业态的有效结合，发挥批发市场的辐射作用。

(6) 政府应该在批发市场的基础设施建设、信息管理软件的开发与利用上给予一定的扶持。

3. 规范连锁超市的发展，促进蔬果农产品零售业态的变革

目前，我国蔬果农产品零售终端的种类比较多，城乡发展也不均衡，从满足消费需求的便利性角度出发，应该因地制宜，分类发展，但从资源的效率角度来看，应进行统一的资源整合。首先，应以连锁超市为重点，从政策上积极规范连锁超市的规模化发展。尤其是在大中城市，在配送成本和进入超市的门槛费的问题上要进行有力的引导，促进直销物流配送模式的健康发展。其次，要根据各地的实际情况，重视农贸市场和中小型超市的发展，因为它们在方便人们生活、满足人们消费上也起着不可低估的作用，特别是连锁超市还没有发展起来的中小城市，农贸市场要尽量实行统一采购或连锁经营，降低蔬果农产品的流通成本。此外，广大农村的蔬果农产品零售市场也应该进行资源整合，纳入整个城乡一体化蔬果物流体系，以便促进零售业态的整体发展。

4. 加强物流基础设施建设，为蔬果农产品物流体系的健康发展提供良好的支持和保障

我国蔬果农产品物流体系中，无论是在生产环节的采摘、仓储，还是在运输环节的冷藏，或是在批发环节的流通加工以及各环节的卫生检验工作，都没有对蔬果农产品进行很好的处理与保护，这与我国物流基础设施的欠缺有直接的关系。发展现代蔬果农产品物流体系，需要国家加大对整个体系的投入力度。从支持主体上看，蔬果类农民专业合作社和批发市场应该放在首要的位置，重点应加大对其产后采摘、低温预冷、冷藏库、冷链运输车辆、分级、标准化包装等环节的设施投入，以便保障蔬果农产品的保值与增值。另外，应该加快销地农贸市场的升级改造步伐，加大基础设施的投入力度，尽量为蔬果物流体系在整体上提供强有力的物质基础保障。

5. 强化蔬果物流体系各环节的质量安全检测与监管工作，为消费者把好质量安全关

随着我国居民收入和消费水平的不断提高，人们对蔬果的消费逐渐从数量型消费转向质量型消费上来，消费者普遍对食品卫生的安全提出更高的要求。但是我国蔬果物流运销各环节的卫生质量安全监控水平普遍较低。收购环节的批发商更多地关注蔬果的外观和品质，基本不按照标准进行安全检测。合作社也只是在生产的环节进行理论指导和要求，基本上也不做真正的检测。批发环节的批发市场由于业务量的繁多，很难对交易的每一笔业务都进行严格把关。所以，进一步加强物流各环节对蔬果农产品的质量安全检测与控制，应当成为今后政策推进的重点。目前，一方面应该落实国家出台的一系列保障农产品卫生安全的法律法规，另一方面应该建立健全各级农产品卫生安全检测与监管部门与人员，并明确分工与职责，此外还应落实检测设备的配套工作。

能力转化

◆**简答题**

1. 你是怎样理解蔬果农产品物流的？请结合辽宁省的情况进行说明。
2. 辽宁省蔬果物流模式有哪些？分别具有什么特点？存在什么问题？
3. 比较美国、日本、荷兰及我国台湾省的蔬果物流模式的区别。
4. 什么是新型蔬果物流模式？你是怎样理解这一模式的？
5. 比较新型蔬果物流模式的三种运作方式，各有什么特点？

◆**实践题**

5～6人一组，以“蔬果物流模式”为主题，借助网络、报纸、杂志等媒体，分析国内外各种物流模式的特点，同时考虑物流信息技术在物流模式中的作用。

要求各小组上交书面材料，并派代表发言，然后各组进行讨论，最后教师进行评价。

单元五

农超对接的理论与实践

一、认识农超对接

二、农超对接的实践

农村经济

【学习目标】

1. 理解农超对接的含义，了解农超对接的作用
2. 认识农超对接的实施模式
3. 掌握农超对接合同的内容
4. 了解农超对接的操作流程

项目一
认识农超对接

项目导入

农超对接实现农民、商家、百姓共赢

近年来，营口市大力推动“农超对接”工程建设，通过引导水果蔬菜合作社和农户与超市签订农产品购销合同，既解决了群众吃菜的卫生安全问题和“买贵”问题，又解决了水果蔬菜合作社和菜农难以预测销售市场的后顾之忧。

盖州梁屯富辰西瓜专业合作社成立于2007年8月，至2014年6月已有会员200名，带动当地及周边农户1 200户。2014年5月28日，营口市委宣传部、营口市科协、营口市农委等相关部门联合营口兴隆购物广场与盖州梁屯富辰西瓜专业合作社举行了“农超对接会”。对于农超对接的销售形式，盖州梁屯富辰西瓜专业合作社理事长杨明利说：“农超对接对于我们农民来说，生产的产品直接对接超市，减少了中间环节，农民能卖到好价钱，也不愁销路，通过农超对接，还能提高梁屯西瓜的知名度。”

此次农超对接除西瓜外，还有葡萄、油桃、豆角等蔬果，很大程度上满足了市民对新鲜果蔬的购买需求。

对于开展“农超对接”活动的意义，营口市科协副主席说：“社会普遍都关心食品安全问题，在我们组织活动的时候首先要把握源头出口，我们对农产品进行跟踪专业认证，下一步直接同超市对接，没有中间环节流程，渠道安全，价格也比较低，为市民提供了绿色健康环保的产品。”

（资料来源：中国农民专业合作社网，http://www.cfc.agri.gov.cn/cfc/html/140/2014/20140603123611734936790/20140603123611734936790_.html）

◆ 启示　随着大型连锁超市和农民专业合作社的快速发展，中国一些地方已经具备了鲜活农产品从产地直接进超市进行农超对接的基本条件。开展鲜活农产品农超对接的实践，积极探索推动鲜活农产品农超对接的有效途径和措施，着力解决当前存在的薄弱环节和突出问题，是减少流通环节、降低农产品流通成本的有效手段，是解决鲜活农产品卖难的根本途径。

知识储备

一、农超对接的含义

为了减少农产品流通环节，促进农民增收，商务部从2007年开始，着手探索农产品流通新模式，组织山东家家悦、家乐福等国内外大型连锁超市与农产品专业合作社直接对接，建立农产品直接采购基地，开展农产品农超对接。

商务部在《关于2012年开展农超对接试点有关问题的通知》中指出，本试点所称的农超对接，是指大型连锁零售企业向农产品基地（年总产值200万元以上的农民专业合作社、农业产业化龙头企业、种植养殖大户）直接收购鲜活农产品，并组织配送到门店销售的流通方式。鲜活农产品包括未经加工或经挑选、清洗、切分、晾晒、包装、冷藏、冷冻等工序加工的蔬菜、水果类产品。

总之，农超对接一般指的是农户和商家签订意向性协议书，由农户向超市、菜市场和便民店直供农产品的新型流通方式。在目前，主要是为优质农产品进入超市搭建平台。

二、农超对接的意义

一方面是市场菜价的上涨，另一方面则是农民卖菜贱、买菜难，这一对非常“刺眼”的矛盾，引起了全社会的关注。农超对接这一商务部、农业部大力推进的营销行为有望解决这一矛盾。具体来说，农超对接有以下几方面的意义：

1. 有利于建立农民与零售商之间稳定的购销关系，促进农产品销售

我国有2/3的农户认为目前农产品销售渠道不稳定，1/3以上的农户希望通过合同收购，27%的农户希望企业收购。发展农超对接，推动超市和农产品生产者建立更紧密的关系，以市场需求为导向，并按照合同条款规定，在农商利益互惠的基础上，各自承担相关法律、经济责任。一方面，稳定农产品销售渠道，解决农产品产销信息不衔接的问题，让农民能够从农产品销售的市场风险中解脱出来，致力于农产品生产，有利于促进农产品生产的专业化和规模化。另一方面，超市获得了数量稳定、质量可靠、卫生安全的农产品货源，经过分拣、加工、配送将物美价廉的商品通过自身网络销售出去，促进农产品销售。

2. 有利于对农产品生产进行全程监管，提高农产品质量安全水平

农超对接模式中超市直接参与了农产品生产过程的监控和管理。超市按照食品卫生和质量安全标准提出生产要求，农民按照超市的要求进行生产，超市和专业合作社给予技术指导，并提供统一的种子、农药、化肥等农业生产资料，确保了农产品的质量。如麦德龙在选择基地时，选聘第三方机构对基地的环境、工艺等方面进行评估，制定了家禽、猪肉、活鱼、蔬菜和水果等各种农副产品的生产与加工质量标准体系，监督和指导基地按照标准进行生产，从而有效地保证了进入麦德龙超市销售的农产品的安全性。

3. 有利于促进农民增收，扩大农民消费

发展农超对接有助于增加农民在农产品生产、农业专业合作社、农产品运输仓储等环节的就业。家乐福在全国发展的农产品基地项目带动农户4 000户，山东家家悦带动农户

6 万多户。农产品销售好了，农民就业机会多了，农民的收入也就增加了，才能为扩大农村消费奠定坚实的基础。家乐福湖北公司从农民手中直采的蜜橘收购价格每千克提高了 0.6 元，山东家家悦发展的玉米直采基地，平均每亩为农民增收 750 元。

4. 有利于降低农产品流通成本，让利于农民和消费者

由于物流设施长期落后，我国农产品交易时间长、成本高、损耗大，流通效率不高。发展农超对接，能够有效减少农产品流通环节，降低农产品流通成本，让利于农民和消费者。同时，还能够促进社会物流，特别是第三方物流，包括冷链物流的发展和综合利用，形成包括包装、分拣、加工、配送在内的庞大物流网络，促进农产品流通效率和效益的提高。家乐福通过直采，农产品流通成本降低 30%，在内蒙古直接采购的土豆收购价格比市场平均价格高出了 15%，零售价格却比市场平均价格降低了 15%。家家悦实施农超对接后生鲜农产品损耗率降到了 4%。

5. 有利于树立农产品的品牌，提高农产品市场竞争力

在传统的农产品生产方式下，不同村、不同农户使用的种子、化肥不同，生产出来的产品质量、规格也不同，不能形成品牌，卖不出价钱。在农超对接模式中，超市将指导农民按照消费需求进行生产，不仅品种丰富，而且质量也有保证，容易形成自己品牌。家家悦超市在经过市场调查后，与市农科所、植保站等合作，培育出城里人爱吃的鲜嫩、短小茼蒿。新品种虽然价格高，但是符合城里人的口味，市场反响非常好，逐渐形成了自己的品牌，产品市场竞争力大大增强。

6. 有利于减少农产品进超市的费用

现在的商业已经进入渠道为王的时代，为了保证农产品销售，必须依靠连锁超市这个强大的销售平台，而超市经营方也正好借助自己的这种强势地位，用各种名目的收费扩大利润空间。国外大型综合超市利润来源主要是购销差价。但是中国很多大型综合超市的企业财务报表的其他收入包括进店费、上架费、促销费、宣传推广费等，这些费用已经超过了其利润。这些不合理的收费不仅会损害供应商的利益，也会使消费者不得不承受与价值不符的虚高价格。农超对接，从基地直接进货，超市降低了门槛，“进场费”等诸多费用几乎都被取消了，双方形成了相互支撑、共同发展的利益共同体，这是零售业提高商品经营水平、创新营销模式的有益探索，更是零售业践行企业社会责任的有效方式。

三、农超对接对超市、合作社、政府的要求

农超对接的重点是政府通过组织大型连锁超市、农产品流通企业与本地产业基础好、产品规模大、品牌质量优、农户成员多的农产品专业合作社开展对接活动，引导建立直接供应超市的农产品生产基地，发展稳定的农产品购销合作关系。这里需要发挥超市、合作社和政府三方面作用。

1. 大型连锁超市

据统计，2013 年中国连锁百强企业销售规模达到 2.04 万亿元，比 2012 年增长 9.9%。新增门店 6 600 余个，总数达到 9.5 万个，增长 7.6%，连锁超市已成为鲜活农产品流通的重要主体。

小资料

《商务部、农业部关于全面推进农超对接工作的指导意见》提出的农超对接工作的主要任务

一、搭建对接平台，畅通农超对接渠道

组织开展各种农超对接推广活动，采取洽谈会、展销会等多种形式，创造供需双方见面与沟通的机会，使更多的超市和农民专业合作社参与农超对接。

加强农超对接信息化建设，着力提高农超对接信息服务系统的录入率和利用率，定期发布各类农产品供求信息。同时，鼓励连锁经营企业和农民专业合作社通过农超对接服务系统实时发布供求信息，逐步开展网上签约和交易试点，发展农产品电子商务。

二、培育对接主体，提升农超对接水平

加强对连锁经营企业的培训和指导，帮助其建立现代经营管理制度，扩大经营规模，提高配送能力。鼓励大型超市设置合作社产品专卖区，扩大农超对接规模，增加农超对接的产品品种和数量。

加强对农民专业合作社的指导和扶持，通过深入开展农民专业合作社示范社建设行动，引导合作社着力完善内部管理制度，不断提升带动农户的能力，打牢推进农超对接的基础。鼓励同类农产品合作社在自愿的基础上开展联合与合作，充分发挥集聚效应，形成规模效益，提高均衡供应超市农产品的能力。

开设农超对接培训班，为超市采购人员提供农业生产技术、产品甄选、保鲜运输等方面的专业知识培训；定期开展农民专业合作社成员培训，帮助农民专业合作社熟悉市场信息和超市营销策略，推动农超对接上水平。

三、加强指导监督，规范农超对接行为

降低合作社鲜活农产品进入超市的门槛，稳定对接关系。严格落实商务部、国家发展和改革委员会、公安部、税务总局、工商行政管理局联合下发的《零售商供应商公平交易管理办法》（商务部令 2006 年第 17 号），严禁超市向合作社收取进场费、赞助费、摊位费、条码费等不合理费用，严禁任意拖欠货款。鼓励超市采取日结的方式收购蔬菜等生鲜农产品，尽量缩短账期。鼓励对接双方签订长期对接合同，建立长期、稳定、紧密的对接关系，提高合同契约意识和诚信意识。

推进农产品标准化生产和流通。大力支持农民专业合作社率先实施标准化生产，加强安全生产记录管理，依据农产品流通相关标准，对农产品进行分级、包装、加贴标识，创建品牌，实现合作社产品质量可追溯。要继续支持符合条件的农民专业合作社开展蔬菜园艺作物标准园、畜禽养殖标准化扶持项目、水产健康养殖示范场创建。指导农民专业合作社根据超市的需求，实行统一采购种苗、统一采购和使用农资、统一记载田间档案、统一采收产品、统一检测农残。组织超市和连锁企业加强对农民专业合作社生产的指导和服务。

农超对接对连锁超市的要求

（1）实施农超对接的连锁超市首先要有丰富的经营经验、良好的信誉及雄厚的资金实力。

（2）超市要有较强的农产品加工配送能力与完善的商品经营结构。

（3）超市要有较强的农产品经营信息化水平。通过电子信息技术，以农产品产业链为基础，以供应链管理为重点，实现连锁超市与专业合作社之间业务流程的融合和信息系统的互联互通，提高市场反应能力，建立起农产品质量可追溯体系。

2. 农民专业合作社

通过农民专业合作社为超市组织农产品，可以克服农户规模小的不足，提高农产品流通效率。

农超对接对农产品专业合作社的要求

（1）开展农超对接的专业合作社首先应具备《中华人民共和国农民专业合作社法》规定的设立和登记条件，并依法注册半年以上。

（2）要有符合对接超市和农产品流通企业需求的基本生产能力和规模，社员数量要达到一定规模，有规范的章程、完善的管理制度、健全的监督机制、独立的会计核算。

（3）要有强有力的领导把一家一户的生产管理起来，建立利益共同体，统一对外。

（4）专业合作社要积极培育自有品牌，对特色农产品要积极开展无公害、绿色食品认证，增强消费者对专业合作社农产品质量安全的信心，促进专业合作社扩大农产品销售规模。

3. 政府

政府在农超对接实施中应主要承担指导和服务职能。

农超对接对政府的要求

（1）政府主管部门要组织连锁超市与本辖区内产业基础牢、产品规模大、质量优、品牌效应好、农户成员多的优秀农民专业合作社充分合作，通过定期举办专场对接洽谈会、产品展示推介会等形式，为超市与合作社搭建对接平台。

（2）政府应加大政策扶持力度。落实农产品仓储设施建设用地政策，安排资金重点扶持发展农产品冷链系统、农产品配送中心、鲜活农产品快速检测系统，积极扶持基地农产品品牌建设。

（3）政府应拓宽投融资渠道。通过政策杠杆引导社会资金加大对农业基础设施投入，协调金融机构对农产品农超对接予以信贷支持。

（4）政府应加大培育农产品现代流通人才。政府应编制符合本地流通企业和专业合作社发展要求的人才培训规划，为培养适应农产品现代流通经营管理人才提供制度保障。

四、农超对接的实施模式

从流通渠道视角看，农超对接模式本质上是一种流通主体间的合作关系。合作关系一般可分为一体化关系、市场化关系和联盟化（准市场化）关系。

（一）一体化对接模式

“一体化模式”就是以有较大规模和实力的超市或合作（联）社作为龙头，通过其拥有的先进管理技术或发达的物流配送体系，整合农产品供应链资源，实现产供销一体化。

1. 前向一体化对接

如果对接模式是合作社向销售环节延伸实现，那么合作社主导了农超一体化，这种模式即为前向一体化对接。现实中，合作社主导的前向一体化一般都采取连锁经营、统一配送等现代流通方式，通过组建鲜活农产品配送中心，及时便捷地向各个小型连锁超市配送产品。合作社主导建立的超市一般经营规模不大，产品种类较少，食品安全程度较高，品牌意识较强。湖北十堰市新合作鑫城超市是前向一体化对接的一个典型案例。

湖北十堰市新合作鑫城超市有限公司 2005 年 5 月成立以来，积极参与“万村千乡市场工程”与“新网工程”，开拓农村市场，发展农村超市。该公司已经形成了以十堰城区为龙头、县（市）为中心、乡镇为骨干、村组为基础的四级连锁网络体系。公司通过建立县级物流中心，采取发展农村加盟店、打造农副产品展销平台等措施，提高了农户收入，实现了农产品的城乡双向流通。

2. 后向一体化对接

如果对接模式是通过超市向生产环节延伸实现的，那么超市在农超一体化的经营模式中就处于主导地位，这种模式即为后向一体化。如超市在农村通过租赁土地建立生产基地，超市出资支持农民组建合作社等。“超市＋农民专业合作社”的家乐福模式和“超市＋龙头企业”的麦德龙模式都是后向一体化的典型案例。

一体化模式有利于减少交易成本和流通成本，缩短流通时间，减少鲜活农产品损耗，有利于保证农产品质量，促进工商协作，推动基地建设。超市主导的后向一体化模式有利于鲜活农产品的品牌塑造、营销推广，合作社主导的前向一体化则更有利于维护农民利益，让农民分享产品流通环节的利润。但一体化模式必须在充分发挥合作社和超市比较优势的基础上因地制宜进行。

（二）市场化对接模式

“市场化模式”是在超市与合作社相互独立的前提下，通过公开市场契约实现农超对接。主要包括两种模式：

1. 紧密型对接

超市免费提供种子，确定种植面积、品种、标准，按协议价格收购，即通过签订固定价格契约实现超市与合作社对接。价格的确定易受到谈判双方信息掌握程度、组织水平、谈判能力等因素的影响，而大型超市一般在上述方面占有优势地位，合作社抗风险能力相对较弱。

2. 半紧密型对接

即确定某一区域标准种植，不确定收购价格。虽然不确定具体的交易价格，但必须确定一个交易双方都认可的价格参考标准，以便未来进行市场交易。

山东家家悦超市同时采用了紧密型与半紧密型对接模式，公司以销售数据分析为支撑，指导农民重点发展销售呈上升走势、消费者喜爱的农产品，帮助农民引进优势品种和种植技术，并免费发放种子。同时与农科所、植保站等部门合作，对农民进行无公害种植技术培训，引导农民站在消费者的角度科学种植。结合超市情况，对农民进行有针对性的理论指导，提供全过程跟踪服务。

紧密型对接模式适用于经济较落后或农户抗风险能力相对较弱的地区，这有利于稳定农户的收入。半紧密型对接模式适用于经济较发达或合作社抗风险能力较强的地区，但在获得“风险收益”的同时也承担了一定的市场风险，合作社有必要按照销售收入提取一定比例的风险基金以保证其正常发展。

（三）联盟化对接模式

“联盟化模式”是相互独立的合作社和超市为实现某一共同目标而组成联盟，每个成员在各自领域内为联盟贡献自己的核心能力，相互联合起来实现优势互补、风险共担和利益共享。

1. “超市＋合作社”模式

这种对接模式是以超市为核心的联盟。它可使农产品从分散的农户通过超市直接到达消费者手中，减少中间环节，有利于降低交易成本，控制农产品质量。

这种模式有两种类型，一是“超市自有品牌＋合作社”，如农工商超市集团有限公司与地处黑龙江松嫩平原的海伦市共建粮食生产基地，来自海伦的香菇、黑木耳、杂粮、方便粥、玉米粥、大米和大豆油都加入农工商超市自有品牌产品大家族；联华超市与吉林省粮食集团、吉林省亿禾米业有限公司、吉林省粮食集团梅河谷物有限公司等单位签订新品种联华牌大米长期供应合同。二是“超市＋合作社”，如易初莲花超市，由正大集团在中国建立了大量的农业和畜牧业基地，每天为易初莲花超市提供大量新鲜而价廉的副食产品。

2. “超市＋专业合作联社”模式

这种模式是第一种模式的改进。因为目前全国的农民专业合作社多处于规模小、管理水平低、资金和技术有限的初期阶段，因此，在单个合作社规模有限的情况下，要想真正进入“农超对接”的良性循环，需要这些专业合作社发展到一定程度后合并成立专业合作联社，然后与超市“对接”。

3. “超市＋批发市场＋合作社”模式

采取这种模式的一般是中小型超市，因为其规模还不足以建立基地及配送中心，超市直接与产地批发市场建立供销关系，购买大宗农产品。这样做的好处是减少中间成本，缺点是不可能根据消费者需求变化直接指导生产，因此缺乏对产销地网点布局的掌控。

4. “联合直采”模式

“联合直采”模式即供销合作社与大型超市签订合作协议，双方共同选择认可的农民专业合作社和生产基地后，由供销合作社发挥其网络优势，负责合作社和基地农产品生产质量和运输质量的管理与控制，超市只负责销售环节。这种模式以山东省青州市供销合作社与北京物美集团的合作最为典型。

2009 年 3 月，青州市供销合作社与北京物美集团签订合作协议，青州市供销合作社负责农产品生产质量和运输质量的管理与控制，产品直供物美超市。由于省去众多中间环节，产品价格较低，从而取得了超市、供销合作社、消费者和农民的多赢效果。同时，青州市供销合作社依托山东省供销系统网络和资源，把山东省内其他地区的优质特色产品（如威海苹果、沂水生姜、金乡大蒜、滕州土豆、莱西小甜瓜等）在青州集中配货后连同青州农产品一起直接运抵北京。此后，青州市供销合作社加强了集配货市场建设，并加大测土配方施肥和药残检测等方面的投资，以期促进产品优质优价和农民增收。

5. “超市直营”模式

“超市直营”模式即专业购销合作社在超市承包农产品柜台直营。专业购销合作社依托下属基层社选择合适的基地和特色农产品，这些农产品由农民根据超市需求采摘后直接送往购销合作社配货中心，由配货中心中转送往超市柜台销售。

山东省桓台县农产品供销合作社成立专业购销合作社，在当地超市承包农产品柜台进行销售是典型的“超市直营”模式。

桓台县农产品购销合作社在每个乡镇重点选择一处基地和一个特色设施农产品，基地上的农产品由农民根据超市需求采摘后直接送往购销合作社配货中心。桓台县购销合作社还联合山东省内其他供销合作社收购和交换一部分当地没有的产品，由配货中心一起送往在超市承包的农产品柜台销售。由于是以合作社的名义在超市销售农产品，按照国家有关政策规定，税收可以享受直接抵扣优惠，这就大大加快了合作社与农民的资金结算速度。

“联盟化模式”突破传统组织有形界限，建立了合作社和超市的相互合作关系，通过有效整合内外部资源实现双方的战略目标。采取“联盟化模式”的主要目的是实现优势互补、风险共担和利益共享。

五、促进农超对接的农产品物流发展策略

农超对接这一种农产品流通销售的发展模式，最关键的就是需要物流体系的支撑。物流是农超对接中信息流、资金流畅通的保证。

（一）加强物流基础设施建设

物流基础设施的建设应以政府为主，市场运作为辅，实现投资主体多元化。政府方面，运用财政贴息、扶持担保机构等手段，引导信贷资金、境外资金、民间资本投入重大物流设施、重要物流信息服务系统的建设。

1. 冷链建设

加强超市、基地、合作社等重要农产品物流节点的冷藏设施建设，在大中城市周边加快规划布局一批生鲜农产品低温配送和处理中心；重点加强集装箱、冷藏车等农业专用运输工具的建设，以及专用仓库、特种仓库如低温库、冷藏库、立体仓库等农产品储存设施的建设；改善农产品加工环节的温控设施，建设经济适用的农产品预冷设施；配备节能、

环保的长短途冷链运输车辆，推广全程温度监控设备；完善与冷链物流相配套的查验与检测基础设施建设；促进生鲜农产品质量等级化、包装规格化，加强上、下游企业的冷链系统对接；加强各相关企业温度监控和追溯体系建设，保障农产品在生产流通各环节的品质和安全。

2. 市场建设

由于农户分散经营，普遍缺乏物流仓储能力，组织化程度低，在供应链系统中处于不对称的弱势地位。超市可将采购流程后延，通过自行选址规划，自建冷链物流系统和生鲜仓库、加工配送中心，在资金技术和生产资料等方面为农户提供支持以保证农户的生产和收益，有利于保证生产活动的稳定性，降低供应链风险，实现规模效益。同时有助于缩短流通渠道，降低农产品物流的损耗，实现生鲜农产品从农田到最终消费的一体化物流运作。

（二）完善农产品物流体系

整个农产品物流体系投入大、管理难，需要政府资金的支持和政策的引导。农业主管部门可以根据各个超市对农产品的需求，对农产品运输方式、运输配载、车辆调度和运输线路进行规划，指导各级农业合作社进行集中配送，在配送的过程中也可以对农民所需的生产资料等进行采购。在农超对接中，超市可以通过自行建设覆盖农产品生产、加工、运输、销售全过程的物流配送系统和冷链系统，来整合生鲜供应链体系。

农业合作社从农产品生产地按照农业主管部门所提供的每一个超市的需求量，进行集货和配货，然后按照超市要求的材料及重量来进行包装和分割，贴好本超市的条形码，把数据录入电脑，反馈给农业主管部门。农业主管部门根据其数据的反馈对其农产品进行质量的监控和跟踪。在包装方面，各个超市可以采取标准化的统一包装，合作社可以采取绿色复用式的包装策略。在包装设计时，可选择可重复利用或可再生易回收处理的对环境无污染的包装材料，也可以根据农产品的新鲜程度采取等级包装策略等。

（三）构建农产品通畅的信息化平台

有效的生鲜供应链管理离不开信息技术系统提供的支持。在政策指导下，要积极实现超市的信息在农产品供应链上的共享，不仅为农民专业合作社的生产经营活动提供决策的依据，也是生鲜供应链能否协调运行的基础。

在传统的一家一户的农业生产模式下，农产品生产分散于千家万户，农产品供给信息往往较为零散且不准确。同时，生鲜农产品安全信息的不对称导致消费者不了解农产品的质量安全情况。农超对接模式下，由超市向农民专业合作社提供准确的农产品供求信息，指导农民按市场来生产优质高价的农产品。在其信息平台上建立鲜活农产品质量可追溯体系，对农民合作社的鲜活农产品进行全程质量监控，消费者可以查到商品质量安全相关信息，实现放心消费。

超市应推广销售点实时系统、射频识别、管理信息系统、电子订货系统、有效顾客反应等现代技术，为农民专业合作社的生产和经营提供灵敏的市场信号。建立总部、门店、配送中心之间的管理信息网络系统，使订货、采购、验收、配送、结算等通过网络系统来进行，以达到总部统一对外结算、资金统一运用、统一经营运作，使连锁管理得以标准化、专业化，从而精确、实时地反映和处理超市的业务活动。

市场上应推广商务部提倡的肉类蔬菜统一采集指标、统一编码规则、统一传输格式、统一接口规范、统一追溯规程的“五统一”要求，来建设追溯体系，保障不同追溯技术模式信息的互联互通，跨区域无缝对接，实现全国范围内信息的追溯查询。超市还可通过鲜活农产品质量可追溯体系，在店铺内设置查询系统，让消费者了解鲜活农产品的质量。消费者在超市买生鲜农产品的同时，还能了解到农产品的生产地区（细化到村）、生产者编号、种植养殖方式、认证类型、检疫检测情况等信息，实现整个农超对接全过程的信息透明化。

（四）促进农产品电子商务的发展

为克服农村信息基础设施落后、农村信息人才缺乏以及客观环境的限制，可建立信息、技术第三方电子商务模式，建立农超对接和产销衔接的网上交易平台，发布农超对接消息，实现网上对接，促进农产品大市场、大流通。超市、供销社、合作社或第三方物流企业等共同引入第三方农产品全程电子商务服务，各方在此交易，并获得延伸服务。电子商务服务不仅仅是发布农产品供求信息，还要将电子交易方向延伸到采购、诚信认证、在线支付、协同工作等领域。

这种电子商务体系以市、区为单位建立，其作用是建立及维护网站、组织相关的农机、农贸部门及其他有关部门上网，为农户提供技术、贸易需求信息、物资及其他电子商务服务，如信息发布、采购代理、产品促销等；有条件的农户可直接发布信息，由第三方提供在线的客户管理、采购管理及协同管理等。

综上所述，基于农超对接农产品物流一体化模式的构建和运行，全程集成了各个市场主体的信息平台，使物流基础设施和物流技术得以发展完善，农产品物流各环节的紧密协作得到加强，农产品物流、资金流、信息流一体化程度提高。

项目二
农超对接的实践

项目导入

黑龙江省春季"农超对接"签订直供合同 44 项金额 5.59 亿元

由黑龙江省农业委员会、大连商品交易所主办的 2012 黑龙江春季农超对接暨农产品产销形势分析会在哈尔滨市召开。会议共签订产销直供合同 44 项，交易数量 17.7 万吨，合同金额 5.59 亿元。为农民增收亿元以上。其中蔬菜 14.5 万吨、27 123 万元，马铃薯 6 150 吨、675 万元，山特产品 2 080 吨、12 082 万元，大米杂粮 23 255 吨、11 750 万元。

此次会议突出以农民专业合作社为主体的农超、农市、农企以及与机关学校等农产品需求单位的产销对接活动。会议期间，有 32 个合作社与 22 个超市、5 个批发市场、5 所大学、4 个机关企事业单位和 7 家商贸公司签订产销直供合同，其中省外对接企业有 11 家。

（资料来源：李倩，东北网，http://news.163.com/12/0407/18/7UGQIIMO00014AED.html）

◆ 启示　这次会议是推进农业市场化进程的一项重大举措。此次对接活动不但实现了产销直接见面，减少了流通环节和流通成本，增加了农民收益，也提升了黑龙江省农产品品牌的知名度和市场占有率，拓宽了农产品销售市场。同时，为黑龙江省进一步创新农产品流通方式、加快培养农民自己的销售队伍、建立稳定的农产品销售渠道、扩大农产品销售提供了宝贵的经验。

知识储备

一、农超对接合同

超市的采购合同内容严谨，主要包括以下几个方面：合同双方身份的鉴定、合同的目的、关于农产品订单的说明、农产品生产与交付、付款方式、声明与保证、争议解决方式、双方签字。

签订农超对接合同的注意事项

1. 超市应做到

(1) 超市应承诺不向参加农超对接的农民专业合作社收取进场费、货架费和条码费。

(2) 超市应承诺农超对接的付款期限短于正常零售合同的付款期限。

(3) 超市向合作社付款需要通过银行转账的方式，坚持付款以非现金形式支付。但是，如果农民专业合作社缺乏流动资金来准备发货，超市可以根据合作社的具体情况，事先给合作社提供部分预付款，比例由双方协商决定。

2. 农民专业合作社应做到

(1) 农民专业合作社提供的农产品必须符合超市要求的农产品质量和安全标准。

(2) 农民专业合作社需要把产品配送到超市指定的各个城市的物流配送中心。

(3) 农民专业合作社不得提供转基因农产品，超市不收购转基因的农产品。

合同范本

浙江省三门西兰花收购合同

收购方（甲方）：________________

种植方（乙方）：________________

根据《中华人民共和国合同法》及其他有关法律法规的规定，甲乙双方在平等、自愿、公平、诚实信用的基础上，就西兰花种植、收购的有关事宜达成如下协议。

第一条　产品基本要求：

产品名称	规格（直径）	保护价
西兰花	9.5～11.5厘米	0.80元/只

第二条　质量要求：

1. 内在质量：西兰花应通过甲方委托单位的农残检测；

2. 外观质量：新鲜嫩绿、无杂质、无病虫害、花蕾紧实。

第三条　甲方提供西兰花栽培技术资料和技术指导，统一品种和质量。

第四条　乙方按当地土壤和生产条件落实种植面积，乙方必须严格按照甲方提供的栽培技术进行精心管理。按时、按质提供产品，不得擅自将产品外流或转卖。

第五条　交货时间：乙方于______年_____月____日至____月____日交货，如遇气候变化交货时间由甲方另行通知。交货地点：浙江省三门县三清农产品保鲜厂内。

计量方法：以交货地的称量为计价重量。运输方式及费用承担：由乙方自行将西兰花运至交货地点，费用由乙方承担。乙方上午采摘的西兰花上午交货，下午采摘的西兰花下午交货。

第六条 检验方法：甲方在收购前一天到乙方的种植地对西兰花随机进行检测。

第七条 结算方式及期限：甲方在收进乙方货物后____日内现金支付货款。

双方约定保护价的，当交货时市场收购价格低于保护价时，以保护价为准；市场收购价格高于保护价时，按市场价成交。

第八条 违约责任：

1. 乙方迟延交货或甲方迟延支付收购款的，应当每日按照迟延部分价款的____%向对方支付违约金；

2. 乙方交付的产品不符合约定要求和外观质量的，甲方有权要求补足、换货或退货，由此发生的费用由乙方承担，但甲方应在____日内通知乙方，否则乙方有权拒绝甲方的要求；

3. 乙方将产品擅自转让或变卖的，应按照该部分产品市场价格的____%向甲方支付违约金；

4. 甲方提供的技术指导培训或提出的种植要求存在差误等问题造成乙方损失的，甲方应按平均亩产量和保护价的标准向乙方赔偿损失。

第九条 因发生自然灾害等不可抗力，造成本合同无法履行或无法全部履行的，经核实可全部或部分免除责任，但应当及时通知对方，并在合理期限内提供证明。

第十条 争议解决方式：本合同项下发生的争议，由当事人双方协商或申请有关部门调解解决；协商或调解解决不成的，当事人也可以按下列第____种方式处理：

（一）提交________________仲裁委员会申请仲裁；

（二）依法向人民法院提起诉讼。

第十一条 本合同自双方签字盖章后生效。合同一式两份，甲乙双方各执一份，具有同等法律效力。

甲方（签章）： 乙方（签章）：

法定代表人： 法定代表人：

签订时间： 年 月 日

二、农超对接的操作流程

下面我们主要以家乐福为例介绍农超对接合同签订以后的操作流程。

一般情况下，家乐福的供应商首先与商品部接触，协商谈判后签订农超对接合同。

家乐福的商品部包括位于上海总部的全国商品部和位于各个城市的城市商品部 CCU。全国商品部负责全国供应商，城市商品部负责地区供应商，各门店向供应商订货，供应商送货到各门店仓库，送货同时取得验收单。验收单由家乐福各门店收货区的电脑系统打印，由系统自动编号。验收单是供应商与家乐福结算货款的重要凭证。供应商的发票直接送交区域财务中心。家乐福在上海、广州、成都、北京设立 4 个财务中心，处理对应地区内门店的发票。付款中心位于上海，统一向供应商支付货款，并在供应商网站上公布财务数据，以便供应商对账。具体包括报价、订单确认、备货与产地质量检查、装货、运输、收货确认、配送中心质量检查、门店配送、开具发票和超市付款等几项。目前一些超市的订货和结算都在网上进行。

（一）报价

报价是农超对接交易的开端，也是重要的环节之一。如在每周一，农民专业合作社需要向家乐福超市总部采购部发送报价单。报价单可以通过邮件、手机短信等方式发送。家乐福的报价单内容包括以下几个方面：

超市的订单是按照合作社的报价来制定的。因此，合作社应尽可能把所有的、不同规格的产品都列入报价单中。由于消费习惯不同，各个地区需要不同规格和等级的农产品。因此，合作社报价越细，被采购的可能性越大。

订单也不仅仅是单方面由合作社向超市发送的。有些情况下，超市门店会向总部提出自己需要某种农产品。这种情况下，超市总部的采购人员会主动向合作社询问，是否有这类农产品。

一般情况下，超市订单主要采用合作社的报价，如果遇上一些特殊情况，如城市门店采购部门认为合作社的价格不适合当地的市场情况，他们也会通过总部采购人员与合作社沟通，看是否能够对报价进行适当调整。

1. 农产品名称

农产品名称应使用国家规定的名称。2012 年 3 月 14 日，农业部发布《农业植物品种命名规定》，规定了品种名称“唯一性”原则，要求一个农业植物品种，无论是申请农作物品种审定、植物新品种保护，还是进行转基因生物安全评价，或是直接进入生产、销售环节，始终只能使用同一个名称。

2. 级别

级别是农产品的等级，等级划分是按照家乐福超市总部生鲜直采部门制定的“产品标准及质量控制要求”进行的。超市在采购前会对合作社进行培训。在等级方面，每一种农产品原则上分为特等、一等和二等三个级别；在规格方面，原则上分为大、中、小三种规格。

3. 规格

指农产品个体的尺寸大小。一般以农产品横径及最大横截面直径为规格来划分。如

NY/T 1793—2009 苹果等级规格农业标准中规定，苹果大型果品种（如富士、元帅等）分为大、中、小三种规格，小于 65 毫米的是小规格；65～70 毫米的是中型规格；大于70 毫米的是大规格。如我们常说“苹果规格是 70＃”就是表示苹果的直径在 70 毫米以上。

4. 价格

指农民专业合作社同意出售给超市的农产品价格。这里的价格是指“农产品的到货价格”，即农产品送到某个超市的物流配送中心的价格，包括：①农产品产地的价格；②包装材料；③分级、包装和运输人工成本；④运费；⑤其他成本等。

一般情况下，对于一些时间要求相对较高的商品，如生鲜食品、乳制品等，由于保质期短、易腐易坏的特性，超市一般要求由供应商进行直接配送。同时，超市为了节约人力成本，要求农民专业合作社社员按照超市的采购要求对蔬菜进行分级，超市愿意将这部分附加值转移给社员。

农民专业合作社报价时可以参考中国价格信息网、中国农副产品交易市场、中国农产品交易网、中国农业信息网价格行情等全国最具权威的农产品报价网。

5. 周最大供应数量

指一周内合作社能够向超市供应各个产品的最大量。有时家乐福超市对农产品需求相当大，超市必须掌握供应量，以免下单以后，合作社无法满足订单。同时，在合作社供应数量不足的情况下，超市总部采购员需要在各个超市之间进行协调，把产品提供给最需要的地区。

6. 产品描述

如 HACCP－EC－01 要求应该对原料进行物理、化学、生物的描述。产品描述很重要，即使同种类的生鲜农产品，不同地区、品种和季节差异相当大，所以必要时应该对这批产品的特征、特点进行描述。

（二）订单确认

家乐福超市总部的采购人员把所有农民专业合作社的报价单汇总成一大张报价单后，发送到各个城市的采购部门，由采购部门确认他们所需要的采购数量和希望配送的时间。城市采购部确认后，编制采购订单发给超市总部。总部把订单分解成各个农民专业合作社的订单，然后通过邮件或者手机短信发送给各个合作社，让合作社备货。

合作社检查订单的注意事项

收到订单后合作社要检查订单上的每一项内容：下单的门店、供应商编号、公司名称、价格（包括正常进货价格与促销进货价格）、数量、送货日期、送货地址等。在送货之前务必确认订单上的每一项内容都是正确的。对于任何不理解或者有疑问的地方应及时和订货门店确认。确认是错误的订单，门店更正后重新下单，再按新订单送货。

（三）备货与产地质量检查

备货阶段是考验农民专业合作社质量管理能力的关键阶段。超市有严格的采购标准，如家乐福规定产品的合格率必须达到 95％。所以，怎样把生鲜农产品的不合格率控制在

5%以下，以避免退货或扣点，是农民专业合作社在备货阶段要重点关注的。

1. 三次质量控制点管理

农产品合格率管理是超市与农民专业合作社互动的工作。如家乐福超市首先把自己的采购标准提供给合作社，同时，超市还派遣协调员到合作社，对社员进行直接指导。在农超对接的初期，合作社每发出一批货都要经历至少三次质量控制点管理，每次控制点管理过程中超市协调员都应该到场，一方面观察合作社的操作情况，另一方面把超市的质量要求及时告诉现场社员，培训社员更加严格、更加标准地执行筛选工作。

水果的三次质量控制点管理

● 第一次质量控制点管理

第一次质量控制点管理是在采摘阶段。采摘前协调员需要把超市采购产品的详细质量标准，如成熟度、色泽、规格、瑕疵等要求向合作社社员解释清楚。然后协调合作社的管理人员，在现场对社员果农的采摘过程进行监管，不断提醒社员果农什么样的果可以摘、什么样的果不能摘，提醒采用正确的采摘方式，减少不必要的人为损失。

● 第二次质量控制点管理

在很多情况下，因为时间和地理原因，超市协调员不能亲自到现场监督采摘，所以第二次质量控制点就显得尤为重要了。第二次质量控制点指的是合作社产品的筛选和分级阶段。这项工作一般在合作社指定的收货点进行。收货点一般安排在地头或是某个社员的宽大庭院，在这里合作社组织固定人员负责质量验收。验收人员必须对社员果农送来的水果进行“倾筐”检查、逐一过目。对烂果坏果要挑出清理，次果劣果要分选入级。这次筛选是决定整批产品质量情况的关键，超市要求协调员必须在场。

● 第三次质量控制点管理

第三次质量控制点是在包装筛选阶段。包装工接手验收过的产品后，根据需要逐个对产品进行包膜、套网、入箱等。包装工是最后一个有机会逐个接触水果的人，合作社管理人员和协调员需要向工人们指出，在规范包装的同时，需要将前两次筛选中漏选的次果挑选出来。

2. 随机抽查

经过三次筛选，基本上已可保证质量。但为了保险起见，按照流程，协调员还需要做发货前的最后一项质检工作：随机抽查。按照超市要求，货物装车前协调员须对货物进行随机抽样检查，抽检比例为5%。将结果记录在“产地质量验收单”上，协调员签字，发送总部备案。

3. 三轮培训

为了提高农产品的合格率，超市协调员需要对农民专业合作社社员进行三轮培训。第一轮培训，要让验收员坚定一个信念，即坚决清除一切烂、坏、伤、霉果等重大问题果，决不能漏过一个。第二轮培训，要让验收员明确几项标准，即严格区分锈果、花果、小果、畸果等问题果，保证及时准确分级，尽量减少“混级”比例。第三轮培训，也可称为重点培训，即对不同验收小组不同验收员出现的具体操作性问题进行针对性的重点指导，强调验收员工作的重要性，指出验收员操作不当处，讲清这些不当会给整批货物带来的严重后果。

（四）装货

产品包装完毕后便进入物流环节，物流环节包括：产地装车、短途运输、长途运输、目的地短途运输、目的地卸车。其中每个环节都会直接影响产品的质量。农产品的装货方式和方法同产品品质有密切相关。在装货时必须排除野蛮装货，产品的堆放也有技术，尽可能堆放整齐，包装箱与包装箱之间减少空隙，一方面可以增加装载数量，另一方面可以避免在运输过程中的移动。为了最大限度地降低物流损耗，合作社最好组建固定的工作负责又操作熟练的装卸工队伍。

产品装车完成和发车之前，超市协调员需要填写“订单收货确认表”和“产地质量验收单”。

（五）运输

农超对接对农民专业合作社的一大挑战是，合作社必须负责农产品的物流配送业务。农民专业合作社一直要把农产品送到各个订货城市的物流配送中心，验收合格以后，才算任务完成。合作社一定要谨慎地选择规范、可靠的物流公司来运输农产品，还必须把货车司机的身份证、手机等信息发送给超市总部，以便超市能与司机全程联系。

合作社送货要科学安排时间，需要给货车司机充足的行驶时间，保证行车安全。到货时间确认后，总部需要通知目的地验收人员准备接货。首先由验收人员与司机取得联系，等司机到达城市周边时，验收人员要引导司机到达验收地点。等货物到达验收地，验收人员要及时按照超市产品标准及质量控制要求的规定组织卸货验收。在合作社没有派遣人员跟车的情况下，需要安排司机旁观全过程。这样做既避免了货物的无谓滞留，又让整个卸货验收更加公开透明，对可能出现的卸货问题、货物质量问题增加了几分可溯性。如出现问题，要求司机如实告知合作社，配合合作社解决突发的其他问题。

（六）收货确认

农民专业合作社送货时要携带订单，要按订单上的预计收货日送货。门店要按订单收货，没有订单、提前或延后都不接收货物。在预计收货日后仍未送货，则该订单作废。农民专业合作社要事先与采购部和门店沟通实际能够把货物送到的日期，以保证订单的有效期。

农民专业合作社的产品送到指定的超市物流配送中心后，就进入超市的收货程序。配送中心有专门的验货员来检验合作社产品是否符合超市要求的质量标准。

1. 收货步骤

家乐福的收货步骤

（1）司机或农民专业合作社跟车人员将订单交给现场保安，向保安登记，按照次序取得车辆进出卡，按整车收货、散货收货的情况分别到指定地点排队、等候，先到先收货。

（2）收货分为整车收货及散货。超过 10 箱或者 10 个单品为整车，小于 10 箱并且少于 10 个单品为散货。

（3）整车收货时，先打开收货笼的外层卷帘门，供应商将货物放在收货区的垫仓板上，供应商可进入收货笼与家乐福收货组员工一起进行第一次清点单品并收货，收货时两扇卷帘门将全部关闭；最多一次可以有两名供应商同时进入收货笼收货。

（4）散货收货时，先打开收货笼的外层卷帘门，供应商将货物放在收货区的垫仓板上，在供应商离开后外层卷帘门自行关闭。家乐福收货组员工进行第一次清点单品并收货，供应商在卷帘门外等候清点结果及收货单。

（5）为保证收货数量准确无误，维护各供应商的基本利益，家乐福公司两名人员按照一定的规则对收货进行二次清点。并在收货组相应区域安装摄像头，进行24小时监控。

（6）供应商在收货区办公室领取验收单，核对并签字。现场检查验收单上内容是否与货物一致，发现差异在现场解决。

2. 质量验收

在农产品运抵目的城市之前，家乐福总部会直接发给目的地城市的验收人员“产品标准及质量要求”，验收人员凭借此标准进行质量验收。标准中明确规定验收人员的验货操作程序，包括怎样进行随机抽样、怎样判断产品的合格与不合格、如何分类记录等。

随机抽样

指的是每次在合作社送来的产品总数中抽取5%的货物进行检验。按规定，抽取的样品必须在运输卡车的前中后、上中下、左中右位置上均匀抽样，只有这样才能保证抽取样品的代表性和科学性，即每一箱产品都有可能被抽中，都有可能不被抽中，货物被抽中的机会是均等的，而不是由检验员随心所欲地抽取样品。

判定产品是否合格

验收人员的验收标准同协调员的产地质量控制标准完全一样。验收人员把从卡车上抽取的样品箱打开，逐个按照标准挑选产品，把合格与不合格的产品分开。

分类记录

指验收人员把每箱检验后的合格与不合格产品的重量记录下来，计算所有样品的不合格率（即不合格样品的总量除以全部样品的总量），得到的数据就是该批货物的最终质检结果（即用样品的质量代表全部的货物的质量）。家乐福规定如下：

- 不合格率3%以内，合格，超市接受不予扣重；
- 不合格率3%～10%，接受但给予扣重处理（扣重率＝不合格率－3%）；
- 不合格率超过10%，有权拒收。

四联单是发货前由合作社填写的装车详单，记载了装车数量、发车时间等内容。该单由合作社填写完成后，经产地超市协调员签字，由货车司机携带随从货物一并运抵目的城市，城市验收人员验收完毕后即将“各项数据”和最终数据以及扣重与否、拒收与否的验收处理结果详细记录在该四联单上，并签上验收员姓名和验收日期。签字后的四联单的最后一联会让司机带回合作社，由合作社备案，其他三联供家福乐财务、超市采购和总部采购部门分别保留备案。

(七) 门店配送

在门店较多的城市，超市一般会设立物流配送中心。因此，农民专业合作社把产品配送到物流配送中心就完成了任务。但是，对于那些门店比较少的超市，超市有可能要求合作社直接把产品配送到门店。

(八) 开具发票

收货以后，超市会把具体数量发布在公司的网站上，农民专业合作社核对信息无误以后，按照超市收货信息的数量开具发票。农民专业合作社在发票开具后，可通过窗口送票、邮寄或快递公司送票到超市的区域财务中心。家乐福在上海、广州、成都、北京设有4个财务中心，处理对应区域内门店的发票。上海东区财务中心处理包括上海、江苏、浙江、安徽和福建的发票；广州南区财务中心处理包括云南、深圳、广州和海南的发票；北京北区财务中心处理包括北京、天津、河北、黑龙江、吉林和辽宁的发票；成都中区财务中心处理包括湖南、湖北、四川、重庆、河南及新疆的发票。如某合作社与家乐福武汉和昆明的店合作，那么武汉店的发票应送交成都中区财务中心，昆明店的发票应送交广州南区财务中心。

如选择窗口送票方式，供应商自己到对应的财务中心，面对面把发票交给财务中心工作人员，同时取得发票签收回执。签收回执是非常重要的凭证，回执上面注明发票号码、金额、签收日期等。若以后发生争议，如发票丢失或供应商发现发票未及时入账等，需要凭这份回执才能核查。增值税发票的重要性等同于现金，为安全起见，建议通过窗口送票，同时取得回执。异地供应商可将发票交给家乐福财务中心所在城市的业务员。

(九) 超市付款

对于农超对接，家乐福超市原则上在收到发票后的5个工作日以内通过银行给农民专业合作社转入货款。农民专业合作社必须在发票的开具上做到正确无误，否则有可能影响超市的付款。

能力转化

◆简答题

1. 你是怎样认识农超对接的？农超对接有什么意义？
2. 农超对接的操作流程包括哪些内容？
3. 从农产品物流的角度谈一谈应如何促进农超对接的发展？
4. 你是如何理解联盟化农超对接模式的？
5. 农超对接为什么能够发展起来？

◆实践题

请结合当地农超对接的情况，撰写一份有关农超对接操作过程的总结材料，字数控制在1 500字以内。

单元六

农产品物流发展趋势

一、农产品绿色物流

二、农产品冷链物流

【学习目标】

1. 理解农产品绿色物流、逆向物流和冷链物流的含义
2. 了解农产品绿色物流、逆向物流和冷链物流的特征
3. 了解物流系统对环境造成的影响
4. 熟悉农产品绿色物流和逆向物流的内容
5. 掌握农产品绿色物流的管理要点
6. 掌握开展逆向物流和冷链物流的原则
7. 掌握几种主要农产品冷链物流的操作要求和流程

项目一 农产品绿色物流

项目导入

发达国家农产品绿色物流发展经验

欧美、日本等发达国家高度重视农产品质量安全及其物流对环境的影响，重点发展农产品绿色物流。主要表现为农产品物流技术、配送体系和设施较为完善，农业生产经营的组织化程度高。

一、加大资金投入，完善农产品绿色物流基础设施建设，提升运行效率

20 世纪 90 年代以来，美国政府不断通过宏观经济政策引导，加大资金投入力度，建设农业信息网络和推广的在线应用，建成世界上最大的农业计算机网络应用系统。欧盟国家每年通过政府财政拨款，补贴改善现代农产品绿色运输、储存、加工和销售等项目，其修建道路、码头、仓库（包括冷库）和市场等基础设施的补贴占欧盟农业基金的 25%，基础设施较差的地区甚至可达 30%～50%。

二、制定农产品绿色物流配套制度和法规，抑制农产品物流营运对环境的污染

农产品物流运输工具产生的废气、流通加工带来的废水排放、一次性包装物品的丢弃都不同程度地污染着环境。为此，欧美等发达国家积极开展农产品绿色物流专项技术研究，限制机动车尾气排放和废弃物污染指标，如采用排污量小的货车车型、近距离配送、夜间运货，以减少交通阻塞、节省燃料和降低排放等。

三、组建农产品绿色物流行业协会，推动农产品绿色物流快速发展

美国的行业协会、日本的农协、荷兰的花卉拍卖协会、瑞典的合作社等农产品物流行业都会督促农产品物流企业制定自身的绿色经营管理策略，推动农产品绿色物流的发展。如美国农场主的销售合作社、政府农产品信贷公司、农商联合体、产地市场或中央市场的绿色批发商、绿色零售商、绿色代理商、绿色加工商、绿色储运商和绿色期货投机商等，承担全美农产品的绿色运输、绿色保管、绿色装卸搬运、绿色加工、绿色包装和信息传递等功能。日本的农协是日本国家农产品批发市

场最主要的产地供货团体，在推行农产品物流标准化、提高流通效率、降低流通损耗方面具有非常重要的作用，其中流通工具标准化是现代物流的重要基础，具备从集装箱、小包装箱、托盘到运输设备、库房、搬运机械等一系列标准化系统。这些都为农产品绿色流通提供了有利条件，推动了农产品绿色物流的发展。

（资料来源：徐红莲，发达国家农产品绿色物流发展及其经验借鉴）

◆ 启示　绿色物流强调在抑制物流对环境造成危害的同时，实现对物流环境的净化，使物流资源得到充分利用。这在地球环境不断恶化及资源过度消耗、人类后续生存面临威胁的情况下，无疑具有重大意义。发展农产品绿色物流更加重要，这是因为农产品是关系人们身心健康的大问题。目前，我国农产品绿色物流还不发达，在很多方面还需要加强与完善。对于作为食品的农产品来说，绿色物流的意义就更加重大，因为它不仅关系环境污染的问题，更关系着人类的健康和生命安全。

知识储备

一、农产品绿色物流概述

（一）农产品绿色物流的含义

绿色物流的概念出现的时间还不长，目前并没有完全成熟的定义。在国际上，绿色物流作为继绿色制造、绿色消费之后的一个新的绿色热点，受到广泛关注。在布鲁尔等人合著的《供应链管理和物流手册》一书中，提出绿色物流的概念，表示与环境相协调的高效运输配送系统。

目前，我国面临严峻的环境污染问题，在经济可持续发展的大环境下，现代物流的发展必须重视环境问题，需要从环境角度改进物流体系，以形成一个与环境共生的综合物流管理系统。绿色物流正在这一背景下成为全球经济可持续发展的一个重要组成部分。在我国，经营者和消费者的绿色经营、绿色消费理念日益提高，绿色物流也日益受到广泛重视，初步搭建起了企业绿色物流的平台。同时，物流绿色化作为一种可持续发展的观念也得到了学者的普遍认同。

随着我国国际贸易的增多，国内企业经常面临有关的环境贸易壁垒。在这种背景下，国内企业适应可持续发展的要求，开始在绿色生产、绿色包装和绿色物流方面进行有意义的探索。

在中华人民共和国国家标准《物流术语（GB/T 18354—2006）》中，绿色物流（environmental logistics）是指在物流过程中抑制物流对环境造成危害的同时，实现对物流环境的净化，使物流资源得到最充分的利用。

绿色物流在运输、储存、包装、装卸、流通加工等物流活动中，采用先进的物流技术、物流设施，最大限度地降低对环境的污染，提高资源的利用率。

（二）农产品绿色物流的特征

与传统的物流相比，绿色物流在目标、行为主体、活动范围及理论基础等方面都有自身的显著特征：

1. 绿色物流的理论基础更广

包括可持续发展理论、生态经济学理论和生态伦理学理论等。

2. 绿色物流的行为主体更多

不仅包括专业的物流企业，还包括产品供应链上的制造企业和分销企业，同时还包括不同级别的政府和物流行政主管部门等。

3. 绿色物流的活动范围更宽

不仅包括商品生产的绿色化，还包括物流作业环节和物流管理全过程的绿色化。

4. 绿色物流的最终目标是可持续发展

实现该目标的准则不仅仅是经济利益，还包括社会利益和环境利益，并且是这些利益的统一。

（三）农产品绿色物流的内容

绿色物流是以经济学一般原理为基础，建立在可持续发展理论、生态经济学理论、生态伦理学理论、外部成本内部化理论和物流绩效评估基础上的物流科学发展观。绿色物流既包括企业的绿色物流，又包括社会对绿色物流的管理。从绿色物流的活动范围看，包括物流作业环节和物流管理全过程的绿色化，物流作业环节包括绿色运输、绿色包装、绿色流通加工等；物流管理过程主要是从环境保护和节约资源的目标出发，改进物流体系，既考虑正向物流环节的绿色化，又考虑供应链上的逆向物流体系。

同时，绿色物流也是一种抑制物流活动对环境的污染，减少资源消耗，利用先进的物流技术规划和实施运输、仓储、装卸搬运、流通加工、包装、配送等作业流程的物流活动。一般情况下，绿色物流包括以下五个方面的内容：

1. 集约资源

这是绿色物流的本质内容，也是物流业发展的主要指导思想之一。通过整合现有资源，优化资源配置，企业可以提高资源利用率，减少资源浪费。

2. 绿色运输

运输过程中的燃油消耗和尾气排放，是物流活动造成环境污染的主要原因之一。因此，要想打造绿色物流，首先要对运输线路进行合理布局与规划，通过缩短运输路线，提高车辆装载率等措施，实现节能减排的目标。另外，还要注重对运输车辆的养护，使用清洁燃料，减少能耗及尾气排放。

3. 绿色仓储

绿色仓储一方面要求仓库的选址要合理，有利于节约运输成本；另一方面，仓储布局要科学，使仓库得以充分利用，实现仓储面积利用的最大化，降低仓储成本。

4. 绿色包装

包装是物流活动的一个重要环节，绿色包装可以提高包装材料的回收利用率，有效控制资源消耗，避免环境污染。

5. 废弃物物流

废弃物物流是指在经济活动中失去原有价值的物品，根据实际需要对其进行搜集、分类、加工、包装、搬运、储存等，然后分送到专门处理场所后形成的物品流动活动。

（四）绿色物流和传统物流的区别

1. 具体的功能和内容不同

传统物流通过运输、存储、流通加工、装卸搬运等作业，实现物品的空间转移和时间推移，其功能体现在各项作业之中，无具体的绿色环保功能要求。而绿色物流则是在实现物流基本功能的同时，强调保护环境的功能，这是绿色物流区别于传统物流的最大不同。

2. 目标不同

一般物流主要是为了实现物流企业的盈利，满足顾客需求，扩大市场占有率等，这些目标最终仅仅是为了实现某一主体的经济利益。而绿色物流在实现经济目标的基础上，强调追求节约能源、保护环境等具有社会属性的目标。绿色物流的最终目标是可持续发展，而实现该目标的准则是经济利益、社会利益和环境利益的统一。

3. 物流流程不同

传统物流的流程仅仅包括顺向物流，而绿色物流则强调逆向物流和顺向物流并重。

二、农产品绿色物流管理

（一）物流系统对环境的影响

物流活动与社会经济的发展相辅相成。一方面，现代物流是经济发展的支柱，另一方面，经济的发展又会引起物流总量的增加。随着物流的发展，物流活动对社会的影响也日益显现，如物流活动会增加燃油消耗，加重空气污染、废弃物污染及浪费资源，引起城市交通堵塞等。所有这些，都会对社会经济的可持续发展产生消极的影响。现代物流活动对环境的影响主要表现在以下几个方面：

1. 货物运输对环境的影响

运输是物流活动中最主要、最基本的活动，运输车辆的燃油消耗和燃油污染是物流作业造成环境污染的主要原因。这些污染主要包括：

（1）运输工具在行驶中发出的噪声。

（2）运输工具排放的尾气。

（3）装载设备的清扫、清洗产生的废渣与废水。

（4）运输工具行驶中由路面或运输物产生的扬尘。

（5）运输有毒有害物质的沿途事故性泄漏以及普通货物的沿途抛洒。

以上污染中，尾气、噪声、废渣、废水和扬尘为货物运输固有的污染种类，而有毒有害物质的泄漏属于货物运输的事故性污染。

2. 包装对环境的影响

包装具有保持商品品质、美化产品、提高商品价值的作用。但如过分包装不仅造成资源的极大浪费，而且严重污染环境。

（1）不少包装材料是不可降解的，它们长期留在自然界中，会对自然环境造成严重影响。目前市场上流行的塑料袋、玻璃瓶、易拉罐等包装，使用后会留下长久的污染物。

（2）相当一部分工业品特别是消费品的包装都是一次性使用，且越来越复杂。这些包装材料不仅消耗了有限的自然资源，废弃的包装材料还是城市垃圾的重要组成部分，处理这些废弃物要花费大量人力、财力。

小资料

集中库存与即时配送对环境的影响

物流管理活动的变革，如集中库存和即时配送的兴起，也会对运输和环境造成影响。首先，不合理的货运网点及配送中心布局，会导致货物迂回运输，增加车辆燃油消耗，加剧废气污染和噪声污染；过多的在途车辆增加了对城市道路面积的需求，加剧城市交通的阻塞。其次，集中库存虽然能有效地降低企业的物流费用，但由于产生了较多的一次运输，从而增加了燃料消耗和对道路面积的需求。另外，即时配送强调无库存经营，从环境角度看，即时配送适合于近距离企业间的输送。如果供应商与生产商之间距离较远，要实施即时配送就必须大量利用公路网，使货运从铁路转到公路，这样又增加了燃油消耗，带来空气污染、噪声等，从而使环境遭到破坏。

3. 流通加工对环境的影响

流通加工是指为完善使用价值和降低物流成本，对流通领域的商品进行的简单加工。流通加工具有较强的生产性，会造成一定的物流停滞，增加管理费用，不合理的流通加工方式会对环境造成负面影响。

（1）由消费者分散进行的流通加工，资源利用率低，浪费能源，如餐饮服务企业对食品的分散加工，既浪费资源，又污染空气。

（2）分散流通加工产生的边角废料，难以集中和有效再利用，造成废弃物污染。

（3）流通加工中心选址不合理，也会造成费用增加和有效资源的浪费，还会因增加了运输量而产生新的污染。

4. 装卸搬运对环境的影响

装卸搬运是物流系统中最频繁运用的功能要素之一。装卸搬运需要使用不同的机械，这些机械包括起重机械、输送机、装卸机械、搬运机械和仓储设备等，在企业内部进行物料装卸、运输、升降、堆垛和储存等作业。一般说来，装卸搬运过程对环境的影响主要表现在：

（1）装卸搬运工具在作业过程中产生噪声污染。

（2）如果由燃料驱动，装卸搬运机械的运行将产生一定的尾气污染。

（3）搬运工具行驶中由路面或搬运物产生的扬尘。

（4）装卸搬运不当，商品易损坏，造成资源浪费和废弃。

5. 储存对环境的影响

储存在物流系统中具有中转、储藏和管理的作用，储存的主要设施是仓库、仓储设备。储存对环境的影响表现在以下几个方面：

（1）进行物流作业时产生噪声污染。

（2）储存中的所有商品都可能因物流作业不当，对仓储区域周边的空气、土壤、水体等造成污染，尤其在易燃、易爆等危险品的储存过程中，如果储存不当还可能造成爆炸或泄漏，产生破坏性的环境污染。

（3）储存养护时的一些化学方法，如喷洒杀虫剂，会对周边环境造成污染。

6. 信息处理对环境的影响

信息处理是通过收集与物流活动相关的信息，使物流活动能低成本、高效率地进行。随着计算机的普及和企业内部信息系统的建设，信息处理功能要素中也出现了环境问题，如机房里计算机设备的密集布设产生的辐射可能危及员工的健康。当然，各类物流企业中计算机装备比较简单，数量不多，因此物流信息处理对环境的影响较小。

（二）农产品绿色物流管理

1. 绿色供应商管理

供应商的原材料、半成品质量的好坏优劣直接决定着最终产成品的性能，所以要实施绿色物流还要从源头加以控制。由于政府对企业环境行为的严格管制，加上供应商的成本绩效和运行状况对企业经济活动构成直接影响，因此在绿色供应物流中，有必要增加供应商选择和评价的环境指标，对供应商的环境绩效进行考察。如考察潜在供应商是否因为环境污染问题而被政府课以罚款？潜在供应商是否因为违反环境规章而有被关闭的危险？供应商供应的农产品是否采用绿色包装？供应商是否通过 ISO14000 环境管理体系的认证？

2. 绿色生产管理

绿色生产包括绿色原材料的供应、绿色设计与制造以及绿色包装。

绿色原材料

绿色产品的生产首先要求构成产品的原材料具有绿色特性，绿色原材料应符合以下要求：环境友好性；不加任何涂镀，废弃后能自然分解并能为自然界吸收的材料；易加工且加工中无污染或污染最小；易回收、易处理、可重复使用的材料，并尽量减少材料的种类，这样有利于原材料的循环使用。

绿色设计

绿色设计要求面向产品的整个生命周期，即在概念设计阶段，就要充分考虑产品在制造、销售、使用及报废后对环境的影响，使得在产品再制造和使用过程中可拆卸、易收回，不产生毒副作用及保证产生最少的废弃物。

绿色制造

绿色制造包括两个目标，一是通过可再生资源、二次能源的利用及节能降耗措施缓解资源枯竭，实施持续利用；二是减少废料和污染物的生成排放，提高工业品在生产过程和消费过程中与环境的相容程度，降低整个生产活动给人类和环境带来的风险，最终实现经济和环境效益的最优化。

绿色包装

包装是在商品输送或储存过程中，为保证商品的价值和形态而从事的物流活动。绿色包装是指采用节约资源、保护环境的包装，其特点是材料最省，废弃最少并且节约资源和能源；易于回收利用和再循环；包装材料可自然降解并且降解周期短；包装材料对人的身体和生态无害。绿色包装要求提供包装服务的物流企业进行绿色包装改造，包括使用环保材料、提高材质利用率、设计折叠式包装以减少空载率、建立包装回用制度等。

3. 绿色运输管理

交通运输工具带来大量能源消耗，运输过程中排放大量的有害气体，产生噪声污染，都会对环境造成很大的影响。因此构建企业绿色物流体系至关重要。

（1）合理配置配送中心，制订配送计划，提高运输效率以降低货损量和货运量。开展共同配送，减少污染。共同配送是以城市一定区域内的配送需求为对象，人为地进行有目的、集约化地配送。它是由同一行业或同一区域的中小企业协同进行配送。共同配送统一集货、统一送货，可以明显地减少货流；有效地消除交错运输，缓解交通拥挤状况，提高市内货物运输效率，减少空载率；有利于提高配送服务水平，使企业库存水平大大降低，甚至实现“零”库存，降低物流成本。

（2）实施联合一贯制运输。联合一贯制运输是指以件杂货为对象，以单元装载系统为媒介，有效地巧妙组合各种运输工具，从发货方到收货方始终保持单元货物状态而进行的系统化运输方式。通过运输方式的转换可削减总行车量，包括转向铁路、海上和航空运输。联合一贯制运输是物流现代化的支柱之一。

（3）评价运输者的环境绩效。为了应对日益严峻的环境问题，各地政府部门开始对运输污染采取极为严格的管理措施。同时政府交通部门充分发挥经济杠杆的作用，根据机动车的排污量来收取排污费。由此，企业如果没有绿色运输，将会加大经济成本和社会环境成本，影响企业经济运行和社会形象。

4. 绿色储存管理

储存在物流系统中起着缓冲、调节和平衡的作用，是物流的一个中心环节。储存的主要设施是仓库。现代化的仓库是促进绿色物流运转的物资集散中心。绿色仓储要求仓库布局合理，以节约运输成本。布局过于密集，会增加运输的次数，从而增加资源消耗；布局过于松散，则会降低运输的效率，增加空载率。仓库建设前还应当进行相应的环境影响评价，充分考虑仓库建设对所在地的环境影响。如易燃易爆商品仓库不应设置在居民区，有害物质仓库不应设置在重要水源地附近。采用现代储存保养技术是实现绿色储存的重要方面，如气幕隔潮、气调储存和塑料薄膜封闭等技术。

5. 绿色流通加工管理

流通加工是指在流通过程中继续对流通中商品进行生产性加工，以使其成为更加适合消费者的需求的最终产品。流通加工具有较强的生产性，也是流通部门对环境保护大有作为的领域。

绿色流通加工的途径主要有：一方面变消费者分散加工为专业集中加工，以规模作业方式提高资源利用效率，以减少环境污染；另一方面集中处理消费品加工中产生的边角废料，以减少消费者分散加工所造成的废弃物污染。

6. 绿色装卸管理

装卸是跨越运输和物流设施而进行的，发生在输送、储存、包装前后的商品取放活动。实施绿色装卸要求企业在装卸过程中进行正当装卸，避免商品的损坏，从而避免资源浪费以及废弃物环境污染。另外，绿色装卸还要求企业消除无效搬运，提高搬运的活性，合理利用现代化机械，保持物流的均衡顺畅。

7. 产品绿色设计、绿色包装和标识

绿色物流建设应起自产品设计阶段，以产品生命周期分析等技术提高产品整个生命周期环境绩效，在推动绿色物流建设上发挥先锋作用。包装是绿色物流管理的一个重要方面，白色污染已经引起社会的广泛关注，过度包装也造成了资源的浪费。因此再生性包装由于容易回收的性质得到越来越广泛的使用，可以重复使用的集装箱也是绿色包装的典型。

小资料

日本的“绿色革命”

在日本，经营食品的商人已放弃塑料包装，在食品界掀起“绿色革命”，取得了较大的成效。他们的食品包装已不只是要求美观和实用，照顾环境需要也成为包装业的重要课题。现在的日本商人在给食品包装时尽量采用不污染环境的原料，用纸袋包装取代塑料容器，这也减少了将用过后的包装收集到工厂再循环所面对的技术和成本困难，绿色包装设计在这方面发挥了很大的作用。

三、农产品逆向物流

（一）逆向物流的概念

逆向物流是与传统供应链反向，为价值恢复或处置合理而对原材料、中间库存、最终产品及相关信息从消费地到起始点的有效实际流动所进行的计划、管理和控制过程。

逆向物流有狭义和广义之分。狭义的逆向物流是指对那些由于环境问题或产品已经过时而将产品、零部件或物料等进行回收的过程。它是将物品中有再利用价值的部分加以分拣、加工、分解，使其成为有用的资源重新进入生产和消费领域。

广义的逆向物流还包括废弃物物流的内容，其最终目标是减少资源使用，并通过减少使用资源达到减少废弃物的目标，同时使正向物流和回收物流更有效率。

逆向物流的表现多种多样，包括从使用过的包装到经处理过的电脑设备，从未售商品的退货到机械零件等。也就是说，逆向物流包含来自客户的产品及其包装品、零部件、物料等物资的流动，也就是从客户手中回收用过的、过时的或者损坏的产品和包装开始，直

至最终处理环节的过程。现在越来越被普遍接受的观点是，逆向物流是在整个产品生命周期中对产品和物资的完整的、有效的和高效的利用过程的协调。

小资料

逆向物流

《中华人民共和国国家质量标准物流术语》中的“逆向物流”就是狭义的逆向物流，它不包括废弃物物流：逆向物流是指不合格物品的返修、退货以及周转使用的包装容器从需方返回到供方所形成的物品实体流动。比如回收用于运输的托盘和集装箱、接受客户的退货、收集容器、原材料边角料、零部件加工中的缺陷在制品等的销售方面物品实体的反向流动过程。

（二）逆向物流的类别

1. 按回收物品的特点分

按照回收物品的特点可分为退货逆向物流和回收逆向物流。退货逆向物流是指下游顾客将不符合订单要求的产品退回给上游供应商，其流程与常规产品流向正好相反。回收逆向物流是指将最终顾客所持有的废旧物品回收到供应链上各节点企业。

2. 按材料的物理属性分

按照逆向物流材料的物理属性可分为钢铁和有色金属制品逆向物流、橡胶制品逆向物流、木制品逆向物流、玻璃制品逆向物流等。

3. 按成因、途径和处置方式及产业形态来分

逆向物流可分为投诉退货、终端使用退回、商业退回、维修退回、生产报废与副品以及包装六大类别。

（三）逆向物流与正向物流的关系

逆向物流作为企业价值链中特殊的一环，与正向物流既有共同点，也有各自不同的特点。二者的共同点在于都具有包装、装卸、运输、储存、加工等物流功能。同时，逆向物流又具有鲜明的特殊性。

1. 逆向物流与正向物流的联系

（1）两者都属于物流范畴，都是指实物及相关信息的流动过程。两者都涉及包装、配送、保管、运输、装卸、流通加工及物流信息管理等多项活动。

（2）两者目标基本一致。不管是正向物流还是逆向物流，其基本目标都是追求成本最小化和利润最大化。正向物流可以通过选择正确的配送路线和运输方式来节约成本，逆向物流也可以通过循环使用包装材料来达到节约成本的目的。

（3）可以共享配送渠道。正向物流中的配送中心可以作为逆向物流中的退货集中中心。在正向物流配送产品的同时，可以取回回收的产品。

2. 逆向物流与正向物流的区别

逆向物流作为一种从消费者到供应者的反向物流，并不是正向物流的“对称图形”。二者的主要区别见表 6－1。

表 6－1　正向物流与逆向物流的区别

正向物流	逆向物流
供需相对比较确定	供需预测难度大
一点到多点的运输	多点到一点的运输
物品质量一致	物品质量不一致
物品包装一致	物品包装不一致
物品去向明确	物品去向不明确
物品处理方式明确	物品处理方式不明确
定价策略相对一致	定价需依赖于很多因素
考虑速度的重要性	速度通常不作为首先考虑的因素
成本较小，易于计算	成本较大，不易计算
库存管理统一	库存管理不统一
营销方式熟知	营销难度大
供应链各方可以直接谈判	要考虑额外的因素使得谈判复杂化
产品生命周期可控	产品生命周期比较复杂
易于追踪产品流动过程	不易追踪产品流动的过程
动作相对简单	动作复杂

（四）农产品逆向物流的特点

农产品逆向物流除了具有一般逆向物流的特点外，还有其自身的特点。

1. 数量大

根据估算，我国每年大约产生 40 亿吨农业废弃物。其中，畜禽粪便 26 亿吨，农作物秸秆 7 亿吨，蔬菜废弃物 1 亿吨，乡镇生活垃圾和人类粪便 2.5 亿吨，肉类加工厂和农作物加工厂废弃物 1.5 亿吨，林业废弃物（不包括薪炭林）0.5 亿吨，其他有机废弃物约有 0.5 亿吨。绝大多数农业废弃物没有作为一种资源进行利用，而是随意被丢弃或者排放到环境中，使一部分“资源”变成“污染源”，对生态环境造成了极大影响。

2. 分散性

废旧物资源可能产生于生产领域、流通领域或生活消费领域，涉及任何领域、任何部门、任何个人，在社会的每个角落都在日夜不停地发生。因此，逆向物流产生的地点、时间、质量和数量是难以预见的，这就使其具有分散性。在我国的农村地区，家庭是农村的基本生产单位和生活单位，分布地域广泛，其生产和生活是分散进行的，这导致农产品逆向物流的分布面广、服务对象数量庞大。而逆向物流的规模又普遍较小，使农产品逆向物流的分散性特征更加突出。

3. 季节性和周期性

农业生产的季节性决定了农产品逆向物流也具有较强的季节性，表现为在农产品成熟时，短时出现大量的废弃物，而季节过后，废弃物迅速减少；畜禽生长出栏也都有一定的周期。这些导致农业废弃物逆向物流呈现出较大的周期性和波动性。

4. 差异性

我国地域辽阔，不同地域自然条件存在很大差异，各地农副产品品种多样，生产方式各不相同，即使同一地区的同种农副产品，其质量等级也不一样，这些不同，使农产品逆向物流存在巨大的差异性和多样性。

此外，农产品逆向物流也具有一般逆向物流缓慢、混杂等特点。

（五）农产品逆向物流的内容

农产品逆向物流的具体内容，因逆向物流的系统结构、业务类型、商品品种、循环途径、实施过程等不同而存在差异。

1. 从业务类型分

一般来说，从业务类型方面看，农产品逆向物流主要包括农产品的回收和农产品废弃物处理两大类。

农产品的回收

农产品的回收是指农产品的过期退回、包装材料的回收循环利用、生产与流通加工中农副产品的再生利用等。

农产品废弃物处理

农产品废弃物包括植物类废弃物（农林生产过程中产生的残余物）、动物类废弃物（牧、渔业生产过程中产生的残余物）、加工类废弃物（农林牧渔业加工过程中产生的残余物）和农村城镇生活垃圾四类。通常，农产品废弃物主要是指上述前三类废弃物，不包括农村生活垃圾。我国是世界上农产品废弃物产出量最大的国家，农产品废弃物的处理得当与否对农业可持续发展以及农村现代化建设起着至关重要的作用。

2. 从商品种类分

农产品逆向物流从商品种类来讲，主要包括农产品包装物、动物性有机物和植物性有机物三种。

农产品包装物

农产品加工环节的包装部分是逆向物流回收的重点。按照绿色物流的要求，农产品所需的包装材料从研发、生产、加工以及最终消费的过程中，都应该在满足环境目标的同时，考虑农产品的市场、成本和消费者的可接受性等因素。另外，农产品的内包装或销售包装也应该采用无害可降解材料制成。农产品在使用之前，本身对环境的污染较少，这一阶段的逆向物流主要注重包装物的绿色环保特性，在保证包装性能的基础上，选择对自然环境和社会环境影响小的包装材料。

动物性有机物

动物性有机物包括加工过程中以及消耗厨余的骨、油脂等不适宜食用部分。由于农产品消费后不可能像工业品一样对各个零部件只造成磨损，农产品消费是消耗，同时产生一定量的厨余垃圾。虽然这些有机物在自然状态下也能够降解，增加土壤肥力，但是如果能够通过加工使其再次具有使用价值，而不是简单地自然降解，就可以在很大程度上提高资源的利用率。

植物性有机物

植物性有机物主要包括收割时产生的秸秆、果实的皮核等加工厨余部分，也有一部分来自失去使用价值的生活垃圾。植物性有机物的可循环性很高，秸秆分类加工可以造纸，发酵酒精、沼气；果皮等也可以用来发酵酒精；其他有机物经加工提取蛋白、磷、钾等营养物质，添加到动物饲料和植物饲料中可达到循环利用的目的。

（六）农产品逆向物流的实施过程

从农产品循环物流的实施过程看，农产品逆向物流可以分为售前物流、销售物流和售后物流三个部分。

1. 售前物流

主要是农产品出售给供应商之前的物流活动。这段时间内农资供应商向生产者供应农资，农业生产者则对农产品进行生产和简单的初级加工，其废弃物主要有植物秸秆、动物排泄物等，这部分物质可以当地及时进行循环利用，如产生沼气、造纸、肥料转化等。

2. 销售物流

销售物流是农产品从供应商经过流通、加工、包装到消费者之前物流活动，这一过程主要涉及包装以及加工产生的废弃物的回收。除个别包装外，其余需要统一运送至回收加工中心进行重新利用。

3. 售后物流

售后物流指消费者购买使用农产品后，针对其厨余可利用部分进行的物流活动。

（七）开展逆向物流的原则

1. 事前防范重于事后处理

逆向物流实施过程中的基本原则是“事前防范重于事后处理”，即“预防为主、防治结合”的原则。因为对回收的各种物料进行处理往往给企业带来许多额外的经济损失，势必增加供应链的总物流成本，与物流管理的总目标相违背。因而，对生产企业来说，要做好逆向物流一定要注意遵循“事前防范重于事后处理”的基本原则。

2. 绿色原则（“5R”原则）

绿色原则可概括为“5R”原则，包括：

- **研究**（research）　将环保纳入企业的决策要素中，重视研究企业的环境对策。
- **消减**（reduce）　采用新技术、新工艺，减少或消除有害废弃物的排放。

● **再利用**（reuse） 变传统产品为环保产品，积极采取“绿色标志”。

● **循环**（recycle） 对废旧产品进行回收处理，循环利用。

● **环保**（rescue） 积极参与社区内的环境整治活动，对员工和公众进行绿色宣传，树立绿色企业形象。

3. 效益原则

生态经济学认为，在现代经济、社会条件下，现代企业是一个由生态系统与经济系统复合组成的生态经济系统。物流是社会再生产过程中的重要一环，物流过程中不仅有物质循环利用、能源转化，而且有价值的转移和实现。因此，现代物流涉及经济与生态环境两大系统，架起了经济效益与生态环境效益间彼此联系的桥梁。经济效益涉及当前和局部的利益，而环境效益则关系更宏观和长远的利益。

4. 信息化原则

逆向物流具有极大的不确定性，通过信息技术的应用（如使用条形码技术、GPS技术、EDI技术等）可以帮助企业大大提高逆向物流系统的效率和效益。使用条形码可以储存更多的商品信息，这样有关商品的结构、生产时间、材料组成、销售状况、处理建议等信息就可以通过条形码加注在商品上，也便于对进入回收流通的商品进行有效及时的追踪。

5. 法制化原则

由于以往人们对逆向物流的关注较少，市场自发产生的逆向物流活动往往带有盲目性和无序化的特点。如近年来我国废旧家电业异常火爆，往往是通过对旧家电“穿”新衣来牟取利润，这是以侵犯广大农户和城市低收入消费群体的合法权益为基础的，亟须政府制定相应的法律法规来引导和约束；固体废物走私犯罪活动势头蔓延，废旧机电、衣物及车辆的流通、汽车黑市等违法的逆向物流活动都亟须相关的法规来约束。

6. 社会化原则

从本质上讲，社会物流的发展是由社会生产的发展带动的，当企业物流管理达到一定水平，对社会物流服务就会提出更高的数量和质量要求。企业回收物流的有效实施离不开社会物流的发展，更离不开公众的积极参与。在国外，企业与公众参与回收物流的积极性较高，在许多民间环保组织如绿色和平组织的巨大影响下，已有不少企业参与了绿色联盟。

项目二
农产品冷链物流

项目导入

黑龙江：冷链物流助力绿色农产品打开国际市场

作为全国安全食品供应大省，黑龙江省的农产品物产资源丰富，特别是商品粮80%输出省外。但受食品储存期限等多种因素影响，许多食品加工企业一年内开工时间仅3～4个月，严重制约产能发展。由于冷链物流发展速度较慢，很多生猪只能以活猪的方式输出省外，增加成本，抬高价格。

目前，黑龙江省正在根据本省实际情况建设冷链物流体系。以马铃薯和甜菜为例，在田间地头建立菜窖就能实现有效保鲜。在乡村一级土地上建设基础冷藏设施，不仅能就地储藏农产品，还能够最大限度降低费用，增加农民收入，避免农作物浪费，同时为消费者提供质量优良的安全食品。有冷链物流做保障，黑龙江省农产品与国内、国际中高端市场对接，农产品附加值进一步增加。

据了解，黑龙江省持续引导企业与国内外先进冷链物流组织、金融机构以及营销网络平台的对接，提供资金和技术支持，并与国内部分一、二线城市主要食品的营销网络体系相对接，促使下游营销企业进入上游仓储运输参与农产品生产环节，形成利益共同体，促使黑龙江省农产品更好地满足市场需要。

（资料来源：熊琳，经济参考网，2012－11－13）

◆ 启示　我国农产品连续多年丰收，但是农民增产不增收的现象仍然十分普遍，其中一个重要原因就是农产品流通的滞后性。多地出现的丰产而滞销现象，就反映了农产品流通滞后的问题。发展农产品冷链物流技术，鼓励农民科学储藏、科学运输，才能延长农产品的保质期和销售期，使农民增产增收。因此，优先发展农产品冷链物流具有重要意义。

知识储备

一、农产品冷链物流概述

（一）农产品冷链物流的概念

随着社会经济的发展，人们的生活水平不断提高，对自身健康和饮食质量的关注程度越来越高，各种纯天然低加工度的生鲜品越来越受到人们的青睐，冷链物流逐渐兴起。

1. 冷链的定义

《中华人民共和国国家标准物流术语》中冷链的定义为：冷链是指为保持新鲜食品及冷冻食品等的品质，使其在从生产到消费的过程中，始终处于低温状态的配有专门设备的物流网络。

2. 农产品冷链物流的定义

农产品冷链物流是指冷藏冷冻类农产品在生产、储藏运输、销售到消费前的各个环节中始终处于规定的低温环境，以保证农产品质量，减少农产品损耗的一项系统工程。

农产品冷链物流是随着科学技术的进步、制冷技术的发展而建立起来的，是以冷冻工艺学为基础、以制冷技术为手段的低温物流过程。农产品冷链物流的要求比较高，相应的管理和资金方面的投入也比普通的常温物流要大。

（二）农产品冷链物流的适用范围

农产品冷链物流是以保证冷藏冷冻类农产品品质为目的，以保持低温环境为核心要求的供应链系统，通过对温度进行监控，以保证其品质的优良性和安全性。

目前，冷链物流的适用范围包括三类。一是初级农产品，包括蔬菜、水果，肉、禽、蛋，水产品、花卉产品。二是加工食品，包括速冻食品、禽、肉、水产等包装熟食，冰淇淋和乳制品，巧克力，快餐原料。三是特殊商品，包括药品和疫苗。第三类的药品和疫苗不属于农产品冷链物流的范畴。所以，农产品冷链物流适用的商品一般可以根据存储温度的不同分为四类。

1. 冷藏食品

适于0～7 ℃保存，如生鲜蔬菜（叶菜类、裁切生鲜蔬菜）、果汁、牛奶、乳饮料、禽蛋类等。

2. 冰温食品

适于在－2～2 ℃保存，如畜肉品（牛、猪、羊肉等）、禽肉品（鸡肉、鸭肉等）、水产品（鲜鱼、贝类等）等。

3. 冷冻食品和冰品

适于在－18 ℃以下保存，如冷冻果蔬、冷冻农产品（速冻玉米）等。

4. 超冷链食品

适于在－50 ℃以下保存，如生鱼片等。

概括来说，农产品冷链物流适合的农产品可分为冷藏食品（含冰温食品）与冷冻食品（含冰品和超冷链食品）两种。

（三）农产品冷链物流的特性

无论什么产业，物流成本是普遍存在的。但从效益和价值两方面来讲，由于农产品冷链物流在时间、品质、温度、湿度和卫生环境方面的特殊性，体现出更大的增值潜力和能量，是一项复杂的系统工程。其主要的特点有：

1. 物流对象的易腐性

农产品冷链物流的对象通常是生鲜产品，属于易腐性产品，在运送的过程中由于各种原因会使货物品质逐渐下降。

2. 时效性

易腐生鲜产品的生命周期短、不易储藏的特点，要求冷链物流必须具有一定的时效性。

3. 物流装备的特殊性

要保证冷链物流中生鲜农产品的品质，就必须维持产品处于适宜的低温状态，相应地需要采用特定的低温设备或保鲜设备等组织冷链物流。一方面需要大的冷藏库，无论是农产品的生产地，还是第三方物流的收购地，都要求有冷藏和冷冻双功能库，才能保证生鲜农产品的品质。另一方面，在拥有冷库的同时，还要配备冷藏运输车及保温集装箱等设备。

4. 物流管理的复杂性

在整个农产品冷链物流过程中，冷链所包含的制冷技术、保温技术、产品质量变化机理和温度控制及监测等技术是支撑冷链的技术基础。冷藏物品在流通过程中质量随着温度和时间的变化而变化，不同的冷藏物品都有其对应的温度控制和储藏时间。这就大大提高了冷链物流的复杂性。农产品冷链物流要求冷链的各环节具有较高的组织协调性，保障物流环节和物流交易次数较少，保证易变质农产品的时效性强。并且，农产品冷链物流要求较高的信息技术对农产品进行安全性方面的质量监控或实时跟踪。因此，农产品冷链物流也是一个庞大的系统工程，具有很显著的复杂性。

5. 物流运作的高成本性

农产品冷链物流是以保证易腐农产品品质为目的，以保持低温环境为核心要求的供应链系统。它是一个庞大的系统工程，比一般常温物流系统的要求更高、更复杂，建设投资也要大很多。易腐农产品的时效性要求冷链各环节具有更高的组织协调性，所以，农产品冷链物流的运作始终是和能耗成本相关联的。在农产品冷链物流中，冷库建设和冷藏车的购置需要的投资比较大，是一般库房和干货车辆的 3～5 倍。因为电费和油费是维持冷链的必要投入，所以冷链物流的运输成本也比较高。

（四）农产品冷链物流的构成

农产品冷链物流由冷冻加工、冷冻储藏、冷藏运输及配送、冷冻销售四个方面构成。

1. 冷冻加工

包括肉禽类、鱼类和蛋类的冷却与冻结，以及在低温状态下的加工作业过程，也包括果蔬的预冷、各种速冻食品和乳制品的低温加工等。在这个环节上主要要求冷链装备有冷却、冻结装置和速冻装置。

2. 冷冻储藏

包括食品的冷却储藏和冻结储藏，以及水果蔬菜等食品的气调储藏，它是保证食品在储存和加工过程中的低温保鲜环境。在此环节主要涉及各类冷藏库、加工间、冷藏柜、冻结柜及家用冰箱等。

3. 冷藏运输

包括食品的中、长途运输及短途配送等物流环节的低温状态。主要涉及铁路冷藏车、冷藏汽车、冷藏船、冷藏集装箱等低温运输工具。在冷藏运输过程中，温度波动是引起食品品质下降的主要原因之一，所以运输工具应具有良好性能，在保持规定低温的同时，更要保持稳定的温度，远途运输尤其重要。

4. 冷冻销售

包括各种冷链食品进入批发零售环节的冷冻储藏和销售，它由生产厂家、批发商和零售商共同完成。随着大中城市各类连锁超市的快速发展，各种连锁超市正在成为冷链食品的主要销售渠道，在这些零售终端中，大量使用了冷藏、冷冻陈列柜和储藏库，由此逐渐成为完整的食品冷链中不可或缺的重要环节。农产品冷链物流流程如图 6-1 所示。

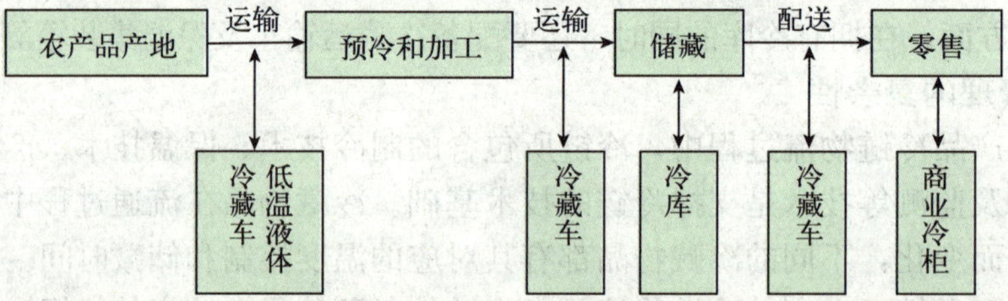

图 6-1　农产品冷链物流流程

（五）农产品冷链物流相关设备

1. 冷冻加工设备

冷链农产品的冷冻加工设备种类很多，各有不同的冻结装置，包括空气式冻结装置、接触式冻结装置、浸渍式冻结装置、液化气式冻结装置等类型，各有不同的特点。

空气式冻结装置

空气式冻结装置以空气为中间媒体，冷热由制冷剂传向空气，再由空气传给食品的冻结装置。其类型有鼓风型、流态化型、隧道型、螺旋型等。

隧道式连续冻结装置

隧道式连续冻结装置是最多被使用的冻结装置。产品在一个长形的、四周有隔热装置的通道中由输送带携载通过隧道，冷风由鼓风机吹过冷凝管道再送到隧道中穿流于产品之间。一般冷气进入隧道的方向与产品通过的方向相反，具有良好的冻结条件。为配合适当的冻结温度，输送带的速度由变速装置任意可调。为提高效率，可采用自动开关隧道门，自动装载食品，根据冷冻需要分组供应能量以减少损耗。适用于分割肉、鱼、调理食品、冰淇淋、面食类等形态比较小的食品的冻结。

螺旋式连续冻结装置

是食品由输送带输入，进入旋转桶状冻结区，经冷风冷冻再由输送带送出的冻结装置。螺旋式连续冻结装置以立体结构为特征，冻结速率快，占地面积小，是大中规模冷冻食品工厂广泛选用的冻结装置。适用于肉禽、水产等各类调理食品及点心类娇嫩易损的食品冻结。

接触式连续冻结装置

是用盐水等制冷剂冷却空心金属板等，金属板与食品的单面或双面接触降温的冻结装置，其类型有板式、带式、滚筒式等。由于不用鼓风机，动力消耗低、食品干耗小、品质优良、操作简单。适用于水果、蔬菜、鱼、肉、冰淇淋等冷冻，水产冷冻工厂在小型鱼虾类的应用特别普遍。其缺点是冻结后食品形状难以控制。

浸渍式连续冻结装置

用盐水等作制冷剂，在低温下将食品直接浸在制冷剂中或将制冷剂直接喷淋洒于食品上，使之冻结的冻结装置。其制冷剂有液态氮、盐水、丙二醇等。因制冷剂直接与食品全面接触，所以冻结时间短，比空气式快2～3倍，食品干耗小、色泽好。适用于大型鱼类、屠体的冻结。特别是对于冻结变性较大、品质显著变差的食品，如豆腐类柔软多水的食品更为适宜，且口感润滑。实践中，尽管要求使用的冷冻液无毒、无异味、经济等，但还是存在着食品卫生问题，故一般不适用于未包装食品的冻结。

液化气式连续冻结装置

利用沸点很低的制冷剂如液氮及二氧化碳等在极低温下变态吸热蒸发或升华的特性，将食品急速冻结的超急速冻结装置，其类型有隧道式和螺旋式。液氮的使用方法有液浸、喷淋、蒸汽冷凝等。目前，广泛使用的最有效的方法是喷淋法。

流态化单体连续冻结装置

冷风从下向上通过颗粒食品，使食品在网带床面上形成气流，呈悬浮浮动状态，随传送带转动带走的冻结装置。其冻结速度快，仅需数分钟，适用于玉米、豌豆、扁豆、水果、虾仁等粒状、片状、丁状的单体冻结。

2. 冷冻储藏设备

冷藏柜是农产品冷链物流常见的设备，一般均采用人性化设计，高效节能，柜温均匀，性能稳定，节省电能消耗，运行稳定、可靠。

3. 冷冻运输设备

冷链农产品的冷冻运输设备种类很多，主要有以下几类：

冷藏汽车

冷藏汽车实际上为冷藏保温汽车，分为冷藏车和保温汽车两大类。冷藏车是指具有隔热车厢并设有制冷装置的汽车。保温汽车是指具有隔热车厢，适用与短途保温运输的汽车。

冷藏车按制冷装置的制冷方式不同可以分为机械冷藏车、冷冻板冷藏汽车、液氮冷藏汽车、干冰冷藏车等。

冷藏火车

（1）机械制冷冷藏火车。机械制冷冷藏火车分为柴油发动机和非柴油发动机的两种，前者可以单辆与一般货物车厢编列运行，后者一般不能单辆与一般货物车厢编列运行。

（2）干冰制冷冷藏火车。在冷藏火车使用干冰制冷时，将干冰悬挂在车厢基部或直接放在冷链农产品上，干冰升华从而降低车厢内的温度。

冷藏船

冷藏船主要用于渔业尤其是远洋渔业。远洋渔业的作业时间长，有的长达半年以上，必须用冷藏船将捕捞物及时冷冻加工和冷藏后方能运回码头。此外，易腐食品也必须用冷藏船完成运输。冷藏船分为冷冻母船、冷冻运输船和冷冻渔船三种。

冷藏集装箱

冷藏集装箱是具有良好隔热、气密，且能维持一定低温要求，适用于各类易腐食品的运送、储存的特殊集装箱，专为运输要求保持一定温度的冷冻货或低温货而设计。它分为带有冷冻机的内藏式机械冷藏集装箱和没有冷冻机的外置式机械冷藏集装箱。适用装载肉类、水果等货物。冷藏集装箱造价较高，营运费用较高，使用中应注意冷冻装置的技术状态及箱内货物所需的温度。

4. 冷冻销售设备

冷冻销售是农产品冷链物流的重要环节。这个环节常用的冷链设备主要是指各式销售冷柜，具体包括卧式敞开式冷冻陈列销售柜、立式多层敞开式陈列销售柜、卧式封闭式冷冻陈列销售柜、立式多层封闭式陈列销售柜和半敞开式陈列销售柜等。

（六）食品冷藏的基本原理

1. 低温对微生物的影响

低温可抵制微生物的生长和繁殖。首先低温可使微生物体内代谢酶的活力下降，各种生化反应速率下降；其次，低温可导致微生物细胞内的原生质体浓度增加，影响其新陈代谢；另外，低温也可使微生物细胞内水分冻结形成冰结晶，对微生物产生机械刺伤，并且导致微生物细胞内的原生质体浓度增加，使其中的部分蛋白质变性，使微生物失去活性。

2. 低温对酶的影响

温度对酶的活性影响很大，低温处理虽然会使酶的活性下降，但酶不会完全丧失活性。不同来源的酶的温度特性有一定的差异，来自动物（尤其是温血动物）性食品中的酶，酶活性的最适温度较高，温度降低对酶的活性影响较大，而来自植物（特别是在低温环境下生长的植物）性食品的酶，其活性的最适温度较低，低温对酶的影响较小。

3. 低温对食品物料的影响

食品物料种类不同，低温对食品物料的影响也不相同。一是植物性食品物料，如新鲜果蔬等；二是动物性食品物料，主要是新鲜捕获的水产品、屠宰后的家畜和牲畜以及新鲜乳、蛋等；另外还有原材料、半加工品和加工品、粮油制品等其他物料。

新鲜果蔬等植物性物料在采摘后，仍然可以维持一定的新陈代谢。一般情况下，温度降低可以使植物个体的呼吸强度降低，新陈代谢的速度放慢，植物个体内储存物质的消耗速度也会减慢，植物个体的储存期限也会延长。因此，低温具有保持植物性食品原料新鲜状态的作用。但是温度如果降低到植物个体难以承受的程度，植物个体会由于生理失调而产生低温冷害，将使其正常的生命活动难以维持。因此，低温储存植物性食品原料的基本原则是既降低其呼吸作用等生命代谢活动，又要维持其基本的生命活动，使植物性食品原料处在一种低水平的生命活动状态。

对于动物性物料，屠宰后进行低温处理的产品呼吸作用已经停止，对外界微生物的侵害失去抵御能力，产生大量的微生物导致其产生腐败。因此，降低温度可以减弱生物体内酶的活性，延缓自身的生化降解反应过程，并减少微生物的繁殖。

低温对食品物料的作用主要体现在抵制产品及环境微生物的活动，降低物料体内酶的作用及其他化学反应的作用，从而保持食品的品质。

小知识

食品变质的原因

在食品中，包含各种各样的营养物质，如蛋白质、糖类、脂类、水分、维生素及各种微量元素等。食品变质，是各种生物和物理作用的结果，其中包括：

（1）微生物的作用。微生物作用是指由于微生物在食品内生长繁殖，致使食品发生变质。

（2）酶的作用。由于酶在适宜的条件下能使食品营养成分分解而使食品变质。

（3）呼吸作用。由于水果、蔬菜固有的呼吸作用，会逐渐消耗产品体内养分致使其变质。

（4）化学作用。指食品中的化学成分被空气中的氧气氧化而引起化学反应致使食品变质。

（5）物理作用。包括机械损伤和光线作用。农产品机械损伤后发生氧化，导致变色、变味以致变质。新鲜果蔬经光线照射后，其气孔会开放，从而加速产品体内的水分蒸发和呼吸作用，并且光照也会使温度升高，加速食品变质。

二、肉类冷链物流

（一）肉的分类

肉的分类方法很多，根据肉的冷藏保鲜程度可以分为热鲜肉、冷却分割肉和冻结分割肉三大类，这三类肉在整个物流操作过程中，有不同的方法和要求。

1. 热鲜肉

热鲜肉即畜禽等刚宰杀后得到的肉。刚宰杀放血的牲畜在随即发生的死后僵直过程中会产生一定的热量，导致肉温比活畜体温略有升高，如刚屠宰的猪肉温度为 41～42 ℃，然后慢慢降至常温。热鲜肉为微生物的生长繁殖提供了适宜的温度，加上畜禽肉含有丰富的营养物质和较高的水分活度，会导致腐败菌和致病菌在其上的过度繁殖，容易埋下食物中毒的隐患。

2. 冷却分割肉

冷却分割肉的消费在国际上较为普遍。随着我国人们生活水平的提高，近几年冷却分割小包装肉的消费需求不断上升。冷却分割肉生产是将经分割加工后的分割肉送入冷却间进行冷却的过程。

3. 冻结分割肉

需要长期储存和出口、远销的分割肉采用低温冻结的方式进行加工。冻结分割肉的生产是将经过冷却的分割肉按照规格进行整形包装后装入纸箱或专用的金属冻盘内送入冻结间进行冻结。

（二）肉类冷链物流操作

1. 肉类包装

肉类的包装主要分为内包装和外包装（运输包装）。其中运输包装主要采用纸箱、编织袋和塑料周转箱等。下面具体介绍不同肉类的小包装。

（1）鲜肉的包装。现在鲜肉通常预包装零售。鲜肉主要有真空包装和调节气体包装。

真空包装

是将鲜肉包装中的氧气脱除，与有氧气进入的包装相比有较长的保存期，抑制微生物引起的变质，但肉的颜色变得较暗并略呈紫红色。打开包装时，肉的表面重新获得氧气，颜色重新转化为鲜红色。暗紫色通常不易被消费者接受，但是批发商却对这种包装形式很欢迎，密封并耐损坏的包装袋用于运输预先分割的脱骨肉和带骨肉。

调节气体包装

是将鲜肉包装在初始二氧化碳含量较高的密封装中，具有微生物学方面的优点。二氧化碳抑制了腐败菌的生长，由此延长了货架期。

（2）冻结分割肉的包装。冻结分割肉的货架期能达到 4 个月以上，可采用可封性复合材料如 PET（聚酯薄膜）/PE（聚乙烯）/AL（铝箔）等真空包装或充气包装材料，但大多数厂家由于经济原因，往往只采用单层聚乙烯薄膜。

（3）冷却分割肉的包装。裸露或仅简单包装的鲜肉，细菌生长非常快。4 ℃条件下，细菌一天繁殖 2 倍，16 ℃时繁殖 15 倍，21 ℃时繁殖 700 倍，27 ℃时繁殖 3 000 倍。因此，常温下肉的货架期只有半天，冷藏也只有 2～3 天。冷却分割肉是将经分割加工后的肉经过 20 小时左右，将肉体温度冷却至 4 ℃进行包装，严格控制了微生物的繁殖。包装后由冷藏车辆运至没有冷藏陈列货柜的食品超市销售。包装一般采用无毒、耐寒、柔韧性好、透明度高的塑料薄膜，以便于消费者看清生肉的本色。

(4) 西式低温肉制品的包装。西式低温肉制品往往是在无菌室内切片后进行真空包装，使包装袋内的食品与外界隔绝。抽真空后可以造成缺氧环境，并使乳酸菌和厌氧菌增殖，降低 pH，抑制酶活性和腐败性微生物的生长，减缓肉中脂肪的氧化速度，延长产品的储存期。对真空包装材料，要求其有良好的阻气性、水蒸气阻隔性、香味阻隔性和遮光性，大都采用三层以上材料复合而成。如复合包装袋 PET/EVOH/PE 的阻隔性高，适用于火腿真空包装；OPA/ALU/PE 袋适于巴氏消毒；PEVALU/PET/PE 袋适用于熟火腿的消毒等。

2. 肉类的储藏

冷冻肉的目的是为了较长期的保存。经过冻结的肉，其色泽、香味都不如鲜肉或冷却肉。但是，它能较长期保存，所以仍被世界各国广泛采用。

(1) 肉的仓储条件。依据肉类在冻藏期间蛋白质、脂肪和肉汁的损失情况来看，冻藏温度不宜高于－15 ℃，应在－18 ℃以下，并应恒定，相对湿度以 95%～100%为佳，空气以自然循环为宜。

我国目前冻藏库内的温度为－20～－18 ℃，在此温度下，微生物的生长几乎完全停止，肉类表面水分的蒸发量也较小，肉体内部的生化变化极大地受到抑制，故肉类的保存性和营养价值较高，制冷设备的运转费也比较经济。为了使冻藏品能长期保持新鲜度，近年来国际上生产型低温冷库的储存温度都趋向于－30～－25 ℃的低温。

小知识

我国肉类冷库已超万座

1990 年全国商业系统肉类冷库 1 975 座、库容 259.65 万吨。经过 20 多年的发展，截止到 2013 年，我国有肉类冷藏库 1 万座以上，冷库总容量 720 万吨，其中冷却物冷藏量 110 万吨，冻结物冷藏量 610 万吨；机械冷藏列车、机械冷藏汽车、冷藏船的配置逐步完善。随着产业布局的调整，肉类冷库逐步集中于山东、河南、河北、辽宁、四川、江苏、北京、内蒙古、安徽、黑龙江、福建、吉林、湖北、湖南、江西、重庆等地。

(2) 肉类冷藏库的管理。肉类冷藏储存时，应注意做好以下几项工作：

冷藏库的温度应保持在－18 ℃以下，温度波动范围控制在 2 ℃以内。配备温度显示装置和自动温度记录装置并定期检查。

库内保持清洁卫生、无异味，定期消毒，有防霉、防鼠、防虫设施。库内不得存放有碍卫生的物品，同一库内不得存放可能造成相互污染或者串味的食品。

未冻结过的产品不可放入冷藏库降温，防止降低冷藏库的冷藏能力，避免引起库内其他已冻结食品的温度波动。

库内食品与地面距离至少 15 厘米，与墙壁距离至少 30 厘米，堆码高度适宜，并分垛存放，标志清楚。

食品进入冷藏库和从冷藏库内取出、装载及卸货应自动化操作，尽量缩短作业时间。装载及卸货场所的温度应加以控制，维持在 10 ℃以下的低温。

除霜作业期间，食品会不可避免地产生回温现象。一旦除霜结束后，应在 1 小时内使温度降低到－18 ℃以下；或者进行除霜前，降低品温使产品回温时不至高于－18 ℃。

3. 肉类的冷藏运输

冻肉的运输可以使用有制冷装置的冷藏汽车、冷藏船、冷藏列车或冷藏集装箱等方式。其中，一些大型的肉类生产基地（肉联厂）一般都采用冷藏铁路运输。随着公路运输的发展，目前，越来越多的企业都可以选用冷藏汽车运输，以达到“门到门”和快速运输的服务要求。

如果肉在运输中卫生管理不够完善，会受到细菌污染，极大地影响肉的保存性。初期就受到较多污染的肉，即使在 0 ℃的温度条件下，也会出现细菌繁殖。所以，需要长时间进行运输的肉，应注意从以下几点加强管理：

（1）装卸方法。对于运输的胴体（1/2 或 1/4 胴体），必须用防腐支架装置，以悬挂式运输，其高度以鲜肉不接触车厢底为宜。分割肉应避免高层垛起，最好库内有货架或使用集装箱，并且留有一定空间，以便于冷气顺畅流通。堆码要求紧密，不仅可以提高运输工具容积的利用率，而且可以减少与空气的接触面，降低能耗。

（2）运输车、船的内表面以及可能与肉品接触的部分必须用防腐材料制成，从而避免改变肉品的理化特性或危害人体健康。内表面必须光滑，易于清洗和消毒。

（3）运输车、船的装卸尽可能使用机械，装运应简便快速，尽量缩短交运时间。

（4）运输途中，车、船内应保持 0～5 ℃的温度，80%～90%的湿度。

配备适当的装置，防止肉品与昆虫、灰尘接触，且要防水。运输车辆在整个运输过程中必须保持一定的温度要求，并且凡是运输肉品的车辆，不得用于运输活的动物或其他可能影响肉品质量或污染肉品的产品，不得同车运输其他产品，即使是头、蹄、胃，如果未经浸烫、剥皮、脱毛，也不得同车运输。肉品不得用不清洁或未经消毒的车辆运输。发货前，必须确定运输车辆及搬运条件是否符合卫生要求，并签发运输检疫证明。

三、果蔬冷链物流

小资料

果蔬年浪费千万吨以上 冷链物流体系亟待推广

2013 年 3 月 1 日，全国农产品冷链流通技术与信息研讨会在济南开幕。会议中，专家指出，欧盟、美国、加拿大、日本等发达国家和地区果蔬冷链流通率已达 95% 以上，而我国仅有 5%，由此造成每年约 1 200 万吨水果、1.3 万吨蔬菜浪费，损失 1 000 亿元以上。据介绍，传统的低端果蔬流通体系会造成 30% 的产品损耗，给农民造成了巨大损失，且不规范的流通过程也容易导致农产品质量及安全问题。

（一）果蔬的冷链物流原理

果蔬采收以后，仍然是一个有生命的有机体，继续进行一系列生理生化变化，使果蔬特有的风味进一步充分地显现出来，在色香味上更适合人们的需要，称为后熟或呼吸作用。这个过程再继续进行，果蔬软化、解体，这就是衰老阶段。要了解和认识果蔬的这些变化规律和它们对外界环境的要求，以便有效地调节、控制环境条件，达到保鲜保质、延长供应期的目的，才能获得最好的经济效益。果蔬采收以后的生理生化有：

1. 呼吸作用

采收后的果蔬具有生理活动的重要标志是进行呼吸作用。呼吸作用是果蔬采收后最主要的代谢过程，它制约与影响其他生理生化过程。果蔬进行呼吸作用是在一系列酶的催化作用下，把复杂的有机物质逐步降解为二氧化碳、水等简单物质，同时释放能量，以维持正常的生命活动。

影响果蔬呼吸作用的因素有温度、湿度、环境气体、机械损伤及植物激素。

（1）温度。果蔬的呼吸作用和温度的关系十分密切。一般地，在一定的温度范围内，每升高 10 ℃呼吸强度就增加 1 倍，如果降低温度，呼吸强度就大大减弱。果蔬呼吸强度越小，物质消耗也就越慢，储藏寿命便延长。因此，储藏果蔬的普遍措施，就是尽可能维持较低的温度，将果蔬的呼吸作用抑制到最低限度。

降低果蔬储藏温度可以减弱呼吸作用，延长储藏时间。但并不是温度越低越好，有一定的限度。一般来说，在热带、亚热带生长的果蔬或原产这些地区的果蔬其最低温度要求高一些，在北方生长的果蔬其最低温度就低一些。

温度过高或过低都会影响果蔬的正常生命活动，甚至会阻碍正常的后熟过程，造成生理损伤，以致死亡。因此，在储藏中一定要选择最适宜的储藏温度。

储藏温度要恒定，温度的起伏变化会促使呼吸作用进行，增加物质消耗。如果使用薄膜包装，则会增加袋内结露水，不利于果蔬的储藏保鲜。

（2）湿度。一般来说，轻微的干燥较湿润更可抑制呼吸作用。果蔬种类不同，反应也不同。如柑橘果实在相对湿度过高的情况下呼吸作用加强，从而使果皮组织的生命活动旺盛，造成水肿病（浮皮果）。所以对这类果实在储藏前必须稍微进行风干。香蕉则不同，在相对湿度 80%以下时，便不能进行正常的后熟作用。

（3）环境气体。在环境气体成分中，二氧化碳和由果实释放的乙烯对果蔬的呼吸作用有很大的影响。

适当降低储藏环境中的氧浓度和适当提高二氧化碳浓度，可以抑制果蔬的呼吸作用，从而延缓果蔬的后熟、衰老过程。另外。较低温度和低氧、高二氧化碳也会抑制果蔬乙烯的合成并抑制已有乙烯对果蔬的影响。

（4）机械损伤。机械损伤是指果蔬在采收、分级、包装、运输和储藏过程中会遇到挤压、碰撞、刺扎等损伤。在这种情况下，果蔬的呼吸强度增强，因而会大大缩短储藏寿命，加速果蔬的后热和衰老。受机械损伤的果蔬，还容易受病菌侵染而引起腐烂。因此，在采收、分级、包装、运输和储藏过程中要避免果蔬受到机械损伤，这是长期储藏果蔬的重要前提。

（5）化学调节物质。化学调节物质主要是指植物激素类物质，包括乙烯、萘乙酸、脱落酸、青鲜素、矮壮素等。植物激素、生长素和激素对果蔬总的作用是抑制呼吸、延缓后熟。乙烯和脱落酸总的作用是促进呼吸、加速后熟。

2. 蒸腾作用

新鲜果蔬刚采摘时，气孔、皮孔尚未完全闭合，某些蔬菜的幼嫩器官表皮层尚不发达，主要为纤维素。容易透水，愈伤或假愈合尚未形成。若此时进行长途运输，则果蔬的蒸腾作用会因风力大、湿度低、温度变化大等原因而成倍增加。萎蔫不仅使果蔬失去新鲜状态，而且使各种酶代谢失调，大多数果蔬失重达3%～5%，对生化代谢或硬度产生极显著的影响。

影响果蔬蒸腾作用的因素有：

（1）品种特性。不同品种的果皮组织厚薄不一，果皮上所具有的角质层、果脂、皮孔的大小也都不同，因而具有不同的蒸腾特性。

（2）成熟度。总的来说，随着果蔬成熟度的提高，其蒸腾速度变小。这是因为随着果蔬的成熟其果皮组织的生长发育逐渐完善，角质层、蜡层逐步形成，果蔬的蒸腾量就变小。但是，有些品种采收后，随着后熟的进展还有蒸腾速度加快的趋势，如木瓜和香蕉等。

（3）相对湿度。储藏环境的相对湿度是影响果蔬蒸腾作用的直接原因。在储藏中湿度的管理是一个十分重要的因素。储藏环境的相对湿度越大，果蔬中的水分越不容易蒸腾。因此，采用泼水、喷雾等方法保持库房较高的相对湿度可以抑制果蔬的蒸腾，以利保鲜。

（4）温度。果蔬的蒸腾作用与温度的高低密切相关。高温促进蒸腾，低温抑制蒸腾，这是储藏运输各个环节强调低温的重要原因之一。

（5）包装。包装对于储藏、运输中果蔬的水分蒸发具有十分明显的影响。现在常用的瓦楞纸箱与木箱和筐相比，用纸箱包装的果实蒸发量小。若在纸箱内衬塑料薄膜，水分蒸发可以大大降低。果实包纸、装塑料薄膜袋、涂蜡、保鲜剂等都有防止或降低水分蒸发的作用。

（6）风速。蒸腾作用的水蒸气覆盖在果蔬表面形成蒸发面，可以降低蒸气压差，起到抑制蒸腾的作用。如果风吹散了水蒸气膜，就会促进蒸腾作用。

（二）果蔬冷链物流流程

1. 果蔬采收

采收是果蔬冷链物流管理的源头，在这一步需要确保果蔬在采收的时候能够满足市场的标准，保证产品适销的状态，并进入正常的供应运输过程。果蔬采摘即在果蔬适当的成熟阶段，对果蔬进行采收的作业过程。果蔬采摘以后，虽然已经离开植株，但仍是生命的有机体，具有生命活动，主要是呼吸作用、蒸腾作用以及微生物作用。这些作用是引起果蔬采摘后腐败的原因。因此，果蔬采摘后，对其进行适当处理是保鲜的重要措施。

2. 果蔬预冷

水果、蔬菜在收获时温度高，生理作用旺盛，鲜度下降很快，因此要尽快降低品温。在储藏和运输之前将果蔬品温降低，称之为预冷。采收后果蔬预冷越及时，后熟作用和病害发展越慢，新鲜度越好。当然，预冷温度不是越低越好，不同的果蔬对温度的要求也不同。目前，果蔬预冷的方法主要有真空冷却、冷水预冷、空气预冷和冰预冷四种方法。

3. 果蔬冷链包装

包装是储藏好速冻果蔬的重要条件，其作用是防止果蔬因表面水分的蒸腾而形成干燥状态；防止产品储存中因接触空气而氧化变色；防止大气污染（尘、渣等），保持产品卫生；便于运输、销售和食用。包装容器很多，通常为马口铁罐、纸板盒、玻璃纸、塑料薄膜袋和大型桶装等。装料后要密封，以真空密封包装最为理想。包装规格可根据供应对象而定。储藏期因品种而异，如豆角、甘蓝等可冷藏 8 个月；花椰菜、菠菜、青豌豆可储藏 14～16 个月；胡萝卜、南瓜等则可储藏 24 个月。

4. 果蔬冷藏

目前，国内外应用的储藏方法较多，主要有两大类：第一类是低温储藏，即利用自然冷源或人工降温（机械制冷或加冰）的方法，使储藏环境保持低温。第二类是控制气体成分（简称“气调储藏”），多数是在降温的条件下调节储藏环境中的气体成分，使之达到适于果蔬储藏的气体指标，从而得到更好的储藏效果。

果蔬的冷藏，最关键的是温度和湿度的控制。降低温度，能使果蔬的呼吸作用、水分蒸腾作用减弱，营养成分消耗减少。另外，果蔬中含有大量的水分，果蔬水分蒸腾的量，主要取决于储藏的条件，其中湿度条件与蒸腾作用关系很大。所以在果蔬储藏时，不仅要保持最适温度，同时要保持最适湿度。

5. 果蔬速冻加工

速冻保藏是将经过预处理的果蔬原料用快速冷冻（－35～－25 ℃）的方法，将其温度迅速降低到冻结点以下的某一预定温度，使果蔬中的大部分水分形成冰晶体，然后在－20～－15 ℃的低温下保存。速冻保藏的目的是尽可能地保存果蔬的风味和营养素（保持其新鲜特性）。

6. 果蔬冷藏运输

果蔬运输方式需根据果蔬种类品种的特性而定。一般选择有利于保护商品、运输效率高且成本低廉，又受季节、环境变化影响小的运输方式。目前我国铁路、公路、水路、空运等各种运输方式均已被广泛采用，优势互补，已逐渐形成较完整的运输网络，这为全国性的果蔬流通开创了前所未有的优越条件。当然，与发达国家相比，我国尚需加强果蔬的运输管理，最重要的是尽量维持运输过程中的恒温，防止温度波动。

四、水产品冷链物流

（一）水产品冷链物流的要求

水产品冷链物流有其特殊性，它需要相对独立的、特殊的基础设施、仓储条件、运输

小资料

我国水产品冷链物流亟待发展

国家发展和改革委员会《农产品冷链物流发展规划（2011—2015 年）》中提出，要进一步提高水产品冷链物流水平，增强食品安全保障能力，在 2015 年水产品冷链流通率应达到 36%以上，冷藏运输率提高到 65%，流通环节的水产品腐损率应在 10%以下。而根据《中国冷链物流发展报告（2012 年）》数据显示，我国 2011 年的水产品流通率为 23.39%，水产品冷藏运输率为 42.93%，水产品腐损率为 10.44%，距离目标值有较大差距，冷链装备质量亟待提高。

工具和技术手段。水产品物流中的收、发以及中转环节都需要严格的质量控制。只有这样，才能较好地保存水产品的原有风味、营养价值和外观质量。

1. 满足顾客对水产品多品种、小批量订货和处理的要求

水产品物流的货物品种多，这是因为水产品资源丰富，品种繁多。各种鱼、虾、蟹、贝类等多达千种，一些大宗经济水产品亦达百余种，还有冷冻、干制、腌制、罐制、调味品、鱼糜制品、营养保健品等多种加工制品。但就单个水产品种而言，饭店或超市等顾客每日需求或订货批量往往只有近百千克。

2. 满足保持水产品鲜活性的要求

水产品通常是鲜活或生鲜商品，客户对其保鲜和色泽等要求很高，其保质期很短，所以水产品在物流过程中需要快速流转。因为鲜活性，部分水产品需要冷藏和冷链，需要分为常温品、低温品和冷冻品等不同属性进行储存和输运。如生鲜高档金枪鱼保鲜储存和运输甚至需要－60 ℃的超低温冷库设备。

3. 满足包装良好、防止腐变的特殊要求

水产品水分含量高，体内组织酶类活性强，容易腐烂变质。水产品从生产第一线开始，船上保鲜、码头起卸、挑选加工、冷结入库、运输中转、市场销售等都涉及包装问题，如果水产品物流没有良好的包装或容器就会导致到手的水产品变质，如按照 1%的损失率计算，中国全年将损失水产品 45 万吨，折合经济损失 50 多亿元。

4. 满足缓解水产品需求量不平衡性的要求

由于我国地理环境差异很大，水产品消费人口分布不均匀。如我国 70%的人口集中在东部沿海一带，加上东部居民具有消费水产品的偏好，内地和沿海水产品消费有明显差别或不平衡性。此外，水产品具有季节性集中生产和均衡性消费等特性，水产品物流系统必须缓解需求的不平衡矛盾。

（二）水产品冷链物流流程

水产品流通过程中，除活鱼运输外，要用物理或化学方法延缓或抑制其腐败变质，保持新鲜状态和品质。保鲜的方法有低温保鲜、化学保鲜、气调保鲜等。其中使用最早、应用最广的是低温保鲜。

1. 捕捞

水产品从捕捞开始，就应该重视保鲜作业，主要是及时进行预冷。同时，水产品捕捞后，要用清洁的水清洗水产品体表，以最大限度限制微生物对水产品体表的污染。

2. 预冷

水产品捕捞离开水面时，如果能立即使它死亡，其僵硬时间会比较长，有利于水产品的保鲜。所以，水产品捕捞后，应立即进行快速预冷，使水产品体表液体温度接近冰点。

3. 包装

活鲜水产品在包装过程中，为了保持新鲜度，应该通过包装来防止水分的蒸发和细菌的二次污染，尽量减少水产品脂肪的氧化变质，防止产品滴汁及气味污染等。

活鲜水产品在包装时应该充分考虑其在储存流通过程中将产生的问题，如气味的污染、产品的滴汁、氧化等因素。因此，水产品包装对产品不得有任何污染，并且应具有良好的气密性及透气性，还应该具有良好的隔绝性能以及便于采取热封工艺等。

4. 冷藏

不同的水产品有不同的储藏温度，温度越低，保鲜期越长，质量越好。储藏温度不得高于－18 ℃。现在国际上采用－24 ℃的较低温保存，并保持相对湿度在95％～100％。水产品储藏过程中，应注意采取相应的措施，确保减少水产品的干耗，并且防止其品味、色泽变化和脂肪氧化。

5. 运输

水产品的运输方法以干法和湿法为主，归纳起来大致有以下几种：

（1）干运。干运又称“无水运输法”，它是将水冷却到使鱼虾暂停生命活动的温度，

小知识

《水产品冷链物流服务规范》通过审查

随着我国水产品品种和产量的扩大，市场对水产品冷链物流的需求日益增加，冷链物流企业迎来了极好的发展机遇。但目前水产品冷链物流在装卸速度、作业流程、检验验货制度以及运输、仓储、配送、销售各环节低温对接要求等作业方面依然缺乏标准，这使得我国大部分水产品存在诸多不可控因素，水产品安全难以得到有效保证。这也大大阻碍了水产品冷链物流的规范化发展。

2013年年底，有关协会、研究机构、大专院校和企业专家审查通过了《水产品冷链物流服务规范》。该标准由上海海洋大学、中国水产流通与加工协会、上海水产总公司等单位共同起草。《水产品冷链物流服务规范》规定了水产品冷链物流服务的基本要求，如接收地作业、运输、仓储、装卸与搬运、货物交接、包装与标志、风险控制、投诉处理和服务质量的主要评价指标等，适用于水产品流通中的冷链物流服务与管理，水产品生产过程中涉及的冷链物流服务亦可参照执行。

随着《水产品冷链物流服务规范》通过审查，可以预想，我国的水产品冷链物流必将迎来全新的发展。

然后脱水运输，到达目的地后，再将鱼虾放入水中，它们会重新苏醒过来。在脱水状态下，其生命可维持 24 小时以上。这种运输法不仅使鱼虾的鲜活度大大提高，而且可以节省运费，是一种较理想的运输方法。

（2）冷冻运输。采用专用冷冻运输箱装运活鱼。一般运输箱采用 20 厘米厚的聚氨酯板，用不锈钢制成骨架，注入大约 100 升海水和 90 升淡水，再将体积相当于 800 升的鱼和 90 升的冰放入箱中。在封闭箱口前，再加入 30 升冰即可。

五、冷链物流质量管理

（一）物流质量的内容

物流质量的概念既包含物流对象质量，又包含物流手段、物流方法的质量，还包含工作质量，因而是一种全面的质量观。物流质量包括下列几个方面的内容：

1. 商品质量保证及改善

物流的对象是具有一定质量的实体，即有合乎要求的等级、尺寸、规格、性质、外观。这些质量是在生产过程中形成的，物流过程在于转移和保护这些质量，最后实现对用户的质量保证。然而，现代物流过程不单是消极地保护和转移物流对象，还可以采用流通加工等手段改善和提高商品的质量。由此，物流过程在一定意义上说也是商品质量的“形成过程”。

2. 物流服务质量

物流业的服务性质决定了整个物流的质量目标就是其服务质量。服务质量因不同用户的要求各异，因此要掌握和了解用户要求，如商品狭义质量的保持程度，流通加工对商品质量的提高程度，批量及数量的满足程度，配送额度、间隔期及交货期的保证程度，配送运输方式的满足程度，成本水平及物流费用的满足程度，相关服务（如信息提供、索赔及纠纷处理）的满足程度。

3. 物流工作质量

工作质量是指物流各环节、各工种、各岗位的具体工作质量。物流服务质量水平取决于各个工作质量的总和。所以，工作质量是物流服务质量的某种保证和基础。重点抓好工作质量，物流服务质量也就有了一定程度的保证。

4. 物流工程质量

物流质量不但取决于工作质量，还取决于工程质量。在物流过程中，将对产品质量发生影响的各因素（人的因素、体制因素、设备因素、工艺方法因素、计量与测试因素、环境因素等）统称为“工程”。很明显，提高工程质量是进行物流质量管理的基础工作，能提高工程质量，就能做到“预防为主”的质量管理。

（二）物流质量管理的特点

1. 物流质量管理的对象全面

物流质量管理不仅涉及物流对象本身，而且还需要对工作质量和工程质量进行管理，最终对成本及交货期起到管理作用，具有很强的全面性。

2. 物流质量管理的范围全面

物流质量管理对流通对象的运输、储存、包装、装卸搬运、配送、流通加工等若干过程进行全过程的质量管理，同时又是对产品在社会再生产全过程中进行全面质量管理的重要一环。在这一全过程中，必须一环不漏地进行全过程管理才能保证最终的物流质量，达到目标质量。

3. 全员参与管理

要保证物流质量，就涉及有关环节的所有部门和所有人员，绝不是依靠哪个部门和少数人能搞好的，必须依靠各个环节中各部门和广大职工的共同努力。物流管理的全员性，正是物流的综合性、物流质量问题的重要性和复杂性所决定的，它反映了质量管理的客观要求。

由于物流质量管理存在"三全"特点，因此，全面质量管理的一些原则和方法（如PDCA循环），同样适用于物流质量管理。但应注意，物流是一个系统，在系统中各个环节之间的联系和配合是非常重要的。物流质量管理必须强调"预防为主"，明确"事前管理"的重要性，即在上一道物流过程就要为下一道物流过程着想，估计下一道物流过程可能出现的问题，预先防止。

（三）物流质量管理的要求

物流质量管理必须满足两方面的要求，一方面是满足生产者的要求，因为物流的结果，必须保证生产者的产品能保质保量地转移给用户；另一方面是满足用户的要求，即按用户要求将其所需的商品送交给用户。这两方面的要求基本上是一致的，但有时也有矛盾。如过分强调满足生产者的要求，使商品以非常高的质量保证程度送交用户，有时会出现用户难以承担的过高的成本。物流质量管理的目的，就是在"满足用户的服务需求"和"以最经济的手段提供服务"两者之间找到一条优化的途径，同时满足这两个要求。为此，必须全面了解生产者、消费者、流通者等各方面的要求，找出各方面都能接受的真正合理的要求，作为管理的具体目标。从这个意义上讲，物流质量管理可以定义为：用经济的办法向用户提供满足其要求的物流质量的手段体系。

（四）冷链物流质量管理的特点

冷链物流的质量直接关系到普通老百姓的食品安全，加强对冷链物流的质量监管，需要生产企业、物流企业、销售企业、政府部门共同努力。由于我国冷链物流的硬件设施陈旧、发展和分布不平衡、服务网络和信息系统不够健全、专业人才缺乏、无法为冷冻保鲜食品提供全程保温保障，导致食品安全方面存在巨大隐患。

冷链物流除具有一般物流的空间、时间、批量、标准化等特点外，还具有独特的质量安全特性，表现在以下几个方面：

1. 冷链物流量大，质量安全要求高

冷链物流的主要对象是食品，作为一种特殊商品，直接满足人们生活的需要，是生活必需品，属于生存资料。因此，冷链物流的需求量大，物流量大，范围广，要求食品进行空间范围的合理布局和规划。食品具有生物特性，特别是生鲜产品具有的生物特性，决定了其在物流上与工业品在本质上的区别。这种生物特性体现在三个方面：一是水果、蔬菜等由于采后仍有生命活动的延续而造成的易腐易损性；二是单位产品价值低，体积大；三是最初产品形状、规格、质量参差不齐，鱼龙混杂。因此，食品对物流整体要求高。

2. 冷链物流质量的相对独立性

食品自身的生物特性和特殊重要性决定了它在基础设施、仓储条件、运输工具、技术手段等方面具有相对独立的特性。在食品储运过程中，为使食品的使用价值得到保证，需采取低温、防潮、烘干、防虫害等一系列技术措施。这并非交通部门和其他部门都能做到，它要求有配套的硬件设施，包括专门设立的仓库、输送设备、专用码头、专用运输工具、装卸设备等。而且，食品物流中的发、收以及中转环节都需要进行严格的质量控制，以确保食品品质、质量达到规定要求。

3. 冷链物流的快速性

食品的生产地与消费地往往分隔明确，物流的又一特性就是对产销地之间通道畅达的依赖。食品不同于工业品，其质量安全保质期（货架期）相对较短，这对于厂商的信誉、对于消费者健康与安全至关重要。若通道不畅，将造成食品积压甚至丧失价值的严重后果。

4. 冷链物流的空间、时间跨度大

经过物流过程中的加工活动改变食品形态从而增加对消费者的效用，实现了冷链物流的形态效用；经过物流活动把农产品从无法销售或售价很低的地区运到其他地区，扩大了销路，增加了这些食品的价值，实现了冷链物流的空间效用；为了调剂余缺，缩小季节性的供求不平衡关系，采取各种方法储藏食品，使一时消费有余的食品能够保存到以后时期去消费，实现了冷链物流的时间效用；食品从农民手中向中间商、加工厂等一系列的转移，最后到达消费者手中，满足消费需求，实现了冷链物流的消费转移效用。冷链物流的这四种转移效用不仅要求能保持食品的使用价值，而且还应该增大它的使用价值，实现它的价值增值。

小知识

冷链物流，“高端”物流

2003年，做了三年多冷链货运后，荣庆物流（上海）有限公司CEO张卓终于等来了第一个大客户。麦当劳有一批冻牛肉需要从上海送至北京，荣庆从麦当劳第三方物流合作伙伴夏晖手中分到了部分任务。

但这后来成了一桩令张卓失意的生意。几十吨牛肉送到北京后麦当劳全部拒收，理由是“温度不达标”。麦当劳要求冻牛肉全程温度必须控制在－18℃至－12℃，荣庆送来的牛肉温度是－10℃，而温差1℃也会造成细菌快速繁殖。张卓只得掏了七八十万元把牛肉全部买下。

麦当劳之前，荣庆冷链业务客户多是经营低端水产品的小商贩，对温度要求不高。张卓对冷链的理解停留在“只要牛肉不化冻就可以”。这次教训让张卓意识到，要把冷链的生意做大，必须走得更“高端”一点。

（五）冷链物流全过程的质量管理

1. 建立冷链物流运作的保证体系

农产品冷链物流运作的保证体系包括硬件保证体系和软件保证体系。

硬件保证体系

这是冷链的硬件保证条件之一。发展和建设冷链应该有合适的冷藏库。有专业生产企业，能生产质优价廉的速冻装置和冷藏保温车、冷藏集装箱、冷藏柜、解冻装置以及与生产冷冻食品相关的辅助设备。

目前国内的生产企业，在这方面还没有形成能与国外产品相抗衡的质量、能力和规模。

软件保证体系

主要是指冷链物流企业要建立一整套的冷链物流作业指导书、安全管理制度和质量管理制度等规章制度。也包括要有专业化的冷链管理与操作人才和相应的培训体系。

2. 加工过程应遵循“3C”原则和“3P”原则

“3C”原则

指冷却（chilling）、清洁（clean）、小心（care）。也就是说，要保证产品的清洁，不受污染；要使产品尽快冷却下来或快速冻结，尽快地进入所要求的低温状态；在操作的全过程中要小心谨慎，避免产品受任何伤害。

“3P”原则

指原料（products）、加工工艺（processing）、包装（package）。要求被加工原料一定要用品质新鲜、不受污染的产品，采用合理的加工工艺，成品必须具有既符合健康卫生规范又不污染环境的包装。

3. 储运过程应遵循“3T”原则

“3T”原则是指产品最终质量还取决于在冷藏链中储藏和流通的时间（time）、温度（temperature）、产品耐藏性（tolerance）。“3T”原则指出了冻结食品的品质保持所容许的时间和品温之间存在的关系。冻结食品的品质变化主要取决于温度。冻结食品的品温越低，优良品质保持的时间越长。如果把相同的冻结食品分别放在－20 ℃和－30 ℃的冷库中，则放在－20 ℃的冻结食品其品质下降速度要比－30 ℃的快得多。“3T”原则还告诉我们，冻结食品在流通中因时间—温度的变化而引起的品质降低具有累积性和不可逆性。因此应该对不同的产品品种和不同的品质要求，提出相应的品温和储藏时间的技术经济指标。

在储运过程中，加强冷库和冷藏运输工具的质量管理工作是这个环节的关键。保证冷库和运输工具等设施与设备的正常运作、严格按照冷库操作流程和规范进行物流作业、保证运输安全和车上冷货安全是保证冷链物流质量的重中之重。

4. 质量检查要坚持终端原则

最适合冷链农产品市场经济运行规律的办法，应以感官检验为主。从外观、触摸、气味等方面判定农产品的鲜度、品质及价位，坚持终端原则。

不管冷藏链如何运行，最终质量检查应该是在冷藏链的终端，即应当以到达消费者手中的冷链农产品的质量为衡量标准。

能力转化

◆简答题

1. 描述农产品绿色物流的含义和特征。
2. 物流系统各要素对环境的影响体现在哪些方面？
3. 如何开展农产品绿色物流？
4. 什么是逆向物流？其特点是什么？
5. 农产品逆向物流包括哪些内容？
6. 什么是农产品冷链物流？农产品冷链物流有哪些特性？
7. 如何进行肉类冷藏库管理？
8. 肉类冷藏运输应注意哪些事项？
9. 简述食品冷藏的基本原理。
10. 影响果蔬蒸腾作用的因素有哪些？
11. 试述果蔬冷链物流的操作流程。
12. 水产品冷链物流有哪些要求？
13. 试述水产品冷链物流的流程。
14. 试述冷链物流质量管理的“3C”原则和“3P”原则。

◆实践题

通过分组讨论，阐述农产品绿色物流或农产品冷链物流发展的现状、问题及对策。

1. 以学习小组为单位，分组完成作业。

2. 搜集资料。要求以学习小组为单位，小组内同学通过网络、报纸、杂志等媒体，结合实际，搜索农产品绿色物流或农产品冷链物流发展的相关材料。

3. 小组内讨论及小组发言。要求每个小组将搜集的材料进行小组内讨论，对材料进行汇总整理。然后每个小组选一名代表发言。

主要参考文献

白世贞 . 2012. 曲志华 . 冷链物流［M］. 北京：中国财富出版社 .

黄彬红 . 2013. 农超对接模式和实践探索［M］. 杭州：浙江大学出版社 .

李严锋 . 2013. 农产品物流体系构建理论与实践［M］. 北京：科学出版社 .

梁智慧 . 2012. 现代物流基础教程［M］. 北京：机械工业出版社 .

刘德军，张广胜 . 2009. 现代农产品物流技术与管理［M］. 北京：中国财富出版社 .

王之泰 . 1995. 现代物流学［M］. 北京：中国物资出版社 .

徐红莲 . 2011. 发达国家农产品绿色物流及其经验借鉴［J］. 中央财经大学学报（12）.

叶健恒 . 2011. 冷链物流管理［M］. 北京：北京师范大学出版社 .

张敏 . 2009. 农产品物流与运营实务［M］. 北京：中国财富出版社 .

张旭辉 . 2008. 我国农产品物流模式的比较［J］. 经济导刊（6）.

赵敏 . 2011. 农产品物流［M］. 北京：中国物资出版社 .

赵一夫 . 2008. 中国生鲜蔬果物流体系发展模式研究［M］. 北京：中国农业出版社 .

周洁虹，许莹 . 2011. 农产品物流管理［M］. 杭州：浙江大学出版社 .

图书在版编目（CIP）数据

农产品物流 / 梁智慧，路志成主编 .—北京：中国农业出版社，2017.8（2019.7 重印）
新型职业农民示范培训教材
ISBN 978 - 7 - 109 - 23024 - 8

Ⅰ.①农… Ⅱ.①梁… ②路… Ⅲ.①农产品-物流-技术培训-教材 Ⅳ.①F724.72

中国版本图书馆 CIP 数据核字（2017）第 136487 号

中国农业出版社出版
（北京市朝阳区麦子店街 18 号楼）
（邮政编码 100125）
责任编辑 郭晨茜 诸复祈

北京通州皇家印刷厂印刷 新华书店北京发行所发行
2017 年 8 月第 1 版 2019 年 7 月北京第 2 次印刷

开本：787mm×1092mm 1/16 印张：10.25
字数：235 千字
定价：30.50 元